선의 군림

THE SOVEREIGNTY OF GOOD

선(善)의 군림

아이리스 머독 | 이병익 역

이숲

일러두기

1. 본문의 각주는 모두 역자주이다.
2. 본문의 굵은 서체는 모두 원저자의 강조이다.
3. 원서의 '˙'는 '―'로 바꾸고, 구별의 이로움을 위해 '―'이하는 서체를 변경하였다.
4. '( )'는 저자의 괄호, '[ ]'는 역자의 괄호이다.

감사의 말

메리 미즐리의 서문은 '시대정신 바로잡기(Sorting out the Zeitgeist)'라는 제목으로 『철학자(*The Philosopher*)』, 86권 제1호(1998)에 실린 논문을 수정한 것이다.

메리 미즐리

당대 손꼽히는 도덕철학자 중 한 명으로 여러 공개 포럼과 라디오 방송을 통해 풍부한 윤리적 토론을 제공해왔다. 『야수와 인간(*Beast and Man*)』, 『사악함(*Wickedness*)』, 『우리 곁에서 살아 숨 쉬는 신화들(*The Myths We Live By*)』 등의 대표작이 있다.

루틀리지 '위대한 지성' 판(版)을 위한 서문

어느새 오랜 세월이 흘렀다. 아이리스 머독의 도덕관이 (실은 나의 도덕관도) 현대 윤리학의 흐름과 얼마나, 정말이지 얼마나 멀어졌는지 처음 깨달은 그날로부터.

1942년 6월의 어느 날 밤을 나는 기억한다. 아이리스와 내가 졸업시험을 치르고 나서 젖은 솜처럼 지쳐 무거워진 몸을 이끌고 서머빌에 있던 집을 향해 걷던 세이트자일스 거리는 밝은 달빛에 물들어 있었다. 시험은 시작부터 고난의 연속이었다. 유일한 위안은 아이리스와 나의 튜터[1]가 친절을 베풀어 저녁 식사에 우리를 초대했다는 사실이었다. 그 자리에는 매우 유명한 두 명의 철학자[2]가 동석했는데 우리는 그날 저녁 내내 그들의 이야기를 경청했다. 자리가 파한 후 나는 아이리스에게 물었다. "그래서 뭐야? 우리가 오늘 밤에 뭔가를 얻어오기는 한 거야?" "오, 물론이지. 난 그렇게 생각해." 커다란 보름달로 눈길을 옮기며 아이리스가 대답했다. "그래, 우

---

1) 이사벨 헨더슨(Isabel Henderson). 서머빌 칼리지의 펠로우로 『고대 그리스 음악사』 등의 저서가 있음. 옥스퍼드 링컨 컬리지의 총장이었던 I. A. R. 먼로의 딸이었음.

2) A. L. 로우즈(Alfred Leslie Rowse, 1903-97). 영국의 작가이자 역사가. 셰익스피어 전문가.
J. B. 트렌드(John Brande Trend, 1887-1958). 스페인 계통의 모차르트 전문가. 캠브리지 대학 최초로 스페인계 교수가 됨.

리가 얻은 건 X는 좋은 사람이고 Y는 나쁜 사람이라는 걸 알게 된 거야." 정확한, 그러나 기괴하리만큼 낡아빠진 이 판단 발언에 우리는 둘 다 웃음을 터뜨렸다. 가뜩이나 인적도 드문 거리에서 우리가 너무 깔깔대는 통에 행인들은 경계의 눈빛을 감추지 못한 채 우리 곁을 지나갔고 근처 고양이들은 황급히 줄행랑쳤다.

당시의 문제 상황은 위 머독의 도덕 판단이 그저 감정의 변덕이나 생각 없는 흥분 따위로 취급되면서 무시당했다는 사실, 그리고 끊임없는 공격에 시달리고 있었다는 사실 정도에 그치지 않는다. 이런 판단에 관여하는 내면의 자아, 무엇보다도 중요한 본질적 인격이며 능동적 주체인 내면의 자아가 어떤 이유에서인지 무시되고 망각되고 있었다. 현대적인 척하는, 과학적인 척하는 철학은 우리 자신의 삶에 대한 직시라는 계기를 도려내고 우리의 모든 지식이 기댄 내적 근거에 대한 불신을 키우기에 여념이 없었다. 그 시절을 돌이켜보면서, 그런 시도를 뒷받침하던 어처구니없는 견해가 이미 40년 전에 아이리스에게 크게 한 방을 제대로 먹고서도 오늘날까지 여전히 극성을 이루고 있다는 사실, 그리고 여전히 과학적인 것으로 대접받고 있다는 사실에 난 소스라치게 놀란다. 멀리 갈 것도 없이, 더도 덜도 아닌 DNA의 화신인 프랜시스 크릭(Francis Crick)은 최근 『놀라운 가설(The Astonishing Hypothesis)』이라는 책을 펴냈는데, 여기서 그는 자아가 신경세포와 그에 회합된 분자의 활동에 '불과'한 것이라고 주장한다. 이런 따위의 형이상학적 토대 위에서, 틀림없이 십계명 위반을 걱정했을 사람들을 선조로 둔 학자들은 이제 이처럼 방부제에 절여놓은 것 같은 사물 세계를 다뤄야 할 진정한 주체가 어느 지점에선가 필요할지도 모른다는 생각을 내비치는 순간 또 다른 형태의 죄책감에 시달리게 되었다. 지금도, 그 주체를 남김없이 설명하고 치워버릴 수 있는 과학의 분과를 찾고자 하는 열망은 우리 자신의 역량을 되살려보려는 미미한 노력을 압도하고, 진정 복잡다단한 자아라는 관념은 아예 안중에도 두지 않는 태도가 여전히 유행한다.

그러나 아이리스는 구닥다리가 되기를 자처했다. 그리고 그 사실이 『선의 군림』을 그토록 훌륭한 저작이 되게 했다. 나아가 아직까지도 강단 철학 외부의 사람들에게까지 큰 도움을 주는, 몇 안 되는 철학서 중 하나가 되게 했다. 이에 필적할 만한 작품이라면 C. S. 루이스의 짧은 책 『인간 폐지(The Abolition of Man)』를 꼽을 수 있는데, 이 역시 같은 과녁을 『선의 군림』만큼 정확하게 조준해 꿰뚫는다. 현재 유행하는 환원적 관념이 만들어낸, 우리 삶을 가리는 번쩍거리는 환상의 장막, 겉보기에 엄청나게 활발히 활동하는 것 같지만 그런 관념이 등장한 이래 실제로는 별다른 변화를 만들어내지 못한 그 장막을, 두 작품은 효과적으로 걷어내버린다. 아이리스의 말을 빌리면 이렇다. '일련의 영악한 개념은 사악함을 펼칠 때 가장 효과적인 도구가 되기도 한다'. 그 이유에 대해 아이리스는 다음과 같이 설명한다.

우리는 갈망의 지배를 받는 동물이다. 우리의 마음은 끊임없이 움직이면서 장막 하나를 만들어낸다. 부분적으로 세계를 감추는 그 장막은 갈망으로 가득하고, 보통은 자기 몰두적이며, 사실을 쉬이 왜곡한다.(143쪽)

그 장막이 벗겨지는 순간은 대체로 우리 자신 이외의 존재를 예리하고 직접적으로 지각할 때 찾아온다. 예를 들면 이렇다.

나는 지금 불안하고 성난 마음으로 창밖을 보고 있다. 주변은 안중에도 없고 어쩌면 이미 흠집이 나버렸을지도 모르는 내 명예에 대해 골똘히 생각하고 있다. 그러다 갑자기 창공을 날고 있는 황조롱이를 발견한다. 그 순간 모든 것이 바뀐다. 내 명예에 난 흠집, 실은 쓸모없는 그 명예에 흠집이 났다는 사실에 골몰해 있던 자아는 자취를 감추어버린다. 이제 여기에 황조롱이 말고는 아무것도 존재하지 않는다. 그리고 내가 당면한 문제에 대한 생각으로 돌아오면, 이제 그 문제는 덜 중요해 보인다.(144쪽)

그러나 그 장막은 끈질기게 남아 있는, 게다가 간파하기가 극도로 어려운 그런 것이다. 시대를 막론하고 언제나 그 장막은 실재를 회피하는 새롭고 은밀한 방법들을 교묘하게 우리에게 제공해왔다. 그 새로운 방법들을 간파하는 것이야말로 철학이 해야 할 가장 주된 과제인데도 철학자들은 어쩌면 당연하게도 이 과제 수행에 일반 사람들만도 못한 재주를 보여주기 일쑤였다.

(철학자에게 이 질문은 항상 중요하다―그는 무엇을 두려워하는가?)(127쪽)

20세기는 개인을 점차로 고립시켜야 한다고 주장하며 다음의 틀에서 해방하려는 지적 유행이 지배한 시대였다. 신으로부터, 우리가 속한 사회로부터('사회 따위는 존재하지 않는다') 그리고 최종적으로 개인을 그 밖의 모든 자연적인 것에서 벗어난 존재로 취급하면서, 급기야는 특별하고 초자연적인 종류의 독립적인 존재로 격상했다. 단계마다 개혁적 이론가들은 진정 억압적인 위 세 가지 주장에 거부감을 표출했다. 그러나 거부의 각 단계에서 제시되었던 진정하고 실질적인 근거들은 이런 이론가들(니체, 프로이트, 스키너, 하이데거, 사르트르, 하이에크, 도킨스)이 연이어 과장된 미사여구에 탐닉하는 와중에 점차 잊혀갔다. 그리고 이후 그들 이론의 요소들은 서로 결합되어 극단적이고 환원주의적인 개인주의를 쌓아올렸다.

이런 극단주의는 위 이론가들이 부르짖은 주장의 좋은 점만을 잘 조합해서 지성적 화해를 도모해보려는 시도를 갈수록 더 심하게 방해했다. 그 결과 우리는 (아이리스가 지적한 바와 같이) 각 교의에서 가장 극적인 부분을 모아 뒤죽박죽으로 섞어 만든 기괴하고 덜떨어진 혼합물만을 손에 쥐게 되었다. 왜냐하면 그 부분들이 가장 자극적이면서도 가장 기억하기 쉬웠기 때문이다.

여기서 행태주의와 실존주의 그리고 공리주의가 합체되면서 매우 강력한 이미지로 현상한다. 위 견해는, 의미와 행위와 존재 유무가 공적(公的)으로 관찰 가능한 요소들에 의해 결정된다는 점에서 행태주의적이고, 실체적 자아를 제거하고 의지를 유일 전능한 것으로 강조한다는 점에서 실존주의적이다. 아울러 도덕이 공적 행위와 관계할 뿐 아니라 오직 공적 행위만 도덕과 관계를 맺을 수 있다고 전제한다는 점에서 공리주의적이다.(41-42쪽)

위 교의들의 명칭이 모든 이에게 친숙하지는 않을 것이다. 그래도 머독의 말마따나 그런 교의를 이상적으로 체현한 인물들이 우리가 읽고 보는 이야기를 지배하는 까닭에 우리는 그들을 매우 친숙하게 느낀다.

현대 소설 속 주인공 대부분이 이런 모습을 띤다. (…) 그 인간은 자유롭고, 독립적이고, 고독하고, 강력하고, 이성적이고, 책임감 있고, 용감한 존재로, 그리고 도덕철학을 담은 수많은 소설과 철학서의 영웅으로 여전히 우리 곁에 살아 있다. 매력적이지만 우리를 오도하는 이 창조물의 존재근거(raison d'être)는 멀리서 찾을 필요가 없다. 그는 과학의 시대가 낳은 자식으로, 자신의 영민함에 자신만만해하면서도 자신의 발견을 통해 그 모습이 드러난 물질 만물로부터 스스로 소외되어 있음을 점차 깨닫는다.(38, 138-139쪽)

아이리스의 저술 이후, 환경에의 위협은 위 글 마지막에 등장한 소외 개념을 불편해하는 우리의 마음을 크게 증폭시켰다. 그러나 아이리스가 적시한 힘-환상 구도는 늘 그렇듯이 강력하다. '과학의 압도적인 힘… 더 정확히 말하면 철학자를 비롯, 여타의 사상가들에게 달라붙어 있는 과학에 대한 부정확한 관념의 힘'은 여전히 그 구도를 지탱하고 있다.

과학 자체가 이런 무모한, 거들먹거리는 도피를 필연적인 것으로 만들지는 않는다. 여태 과학이라는 이름을 사용하면서 기괴스러울 만큼 그 힘을 과장해온 이데올로기들(이를테면 B. F. 스키너의 행태주의 이데올로기)이 그렇게 만든다. 거칠게 말해서 인간 존재를 완벽하게 설명하고, 그래서 우리가 매일 경험하는 친숙한 자유가 그저 허상에 불과하다고 증명해대는, 과학이라 불리는 단일하고 거대한 불가 오류의 시스템이 존재한다고 착각하는 미신이 우리를 위협한다. 이론가들은 이 위협에서 벗어나고자 특별한 형이상학적 자유 개념을 창안했는데, 그 개념을 통해 우리는 자율적인 열기구처럼 두둥실 날아올라 자연과 과학의 손길이 닿지 않는 성층권까지 가 버렸다. 과연 그곳이 우리가 살고자 하는 곳인가? 아이리스는 말한다.

나는 위에서 개관한 인간상이 뭔가 생소하고 별로 그럴듯하지 않다는 사실을 발견한다. 좀 더 구체적으로 말하면 ― 나는 이 인간상에 대해 단순한 경험론적 반론을(나는 필연적으로 혹은 본질적으로 사람들의 '모습이 그렇다'고 생각하지 않는다), 철학적 반론을(나는 그 주장이 설득력이 있다고 생각하지 않는다), 그리고 도덕적 반론을(나는 사람들이 그런 방식으로 자기 자신을 묘사할 당위성을 가진다고 생각하지 않는다) 마음에 품고 있다.(42쪽. 강조는 원서에서)

과학주의라는 현대적 미신을 뚫어내려는 사람은 모두 이런 어려움을 겪을 수밖에 없다. 현대에 드리워진 장막의 지적 요소와 감정적 요소는 너무나 복잡하게 서로 얽혀 있어서 도덕적 불쾌감을 내비치지 않으면서 특별한 요점을 잡아내기는 쉽지 않다.

지난 세기 전반에 걸쳐 자유 개념은 무조건적 숭배를 동반하며 개진되었다. 그리고 이런 숭배는 다음과 같은 질문을 던지는 것조차 마치 신성모독인 양 배격했다. 어떤 자유? 무엇으로부터 벗어나는 자유? 양심의 가책으로부터 벗어나는 자유? 우정으로부터 그리고 정서적 결속으로부터 벗어나는 자유? 원칙으로부터 벗어나는 자유? 모든 전통으로부터 벗어나는 자유? 감정으로부터 벗어나는 자유? 이런 자유들은 사이코패스, 백치, 우울증 환자 같은 사람들이 아무렇지도 않게 행사하는 특권이 아닌가? 자유를 지고(至高)한 것으로 혹은 유일한 가치로 숭배하는 현대의 무당들은 실제로 이런 특권에 초점을 맞추지 않는다. 그들은 스스로 사례를 만들어 제시하며 이를 명시한다. 그렇다면 (아이리스는 묻는다) 그들은 제시하는 것은 도대체 무엇인가?

> 대륙 철학, 영미 철학을 막론하고 실존주의라면 과학에 제대로 맞서지 않고 위 문제를 해결하려 한다 ─ 개인에게 공허하고 외로운 자유, 그가 원한다면 '사실을 외면할 수 있는' 자유까지 선사하며 문제 해결하기. 실존주의적 그림은 사실상 과학적 사실이라는 바다 한가운데에 떠 있는 작은 섬에 유배된 개인의 공포 서린 외로움이고 오로지 의지의 거친 도약에 기대어 과학으로부터 도피하려는 도덕의 모습이다. 그러나 우리가 처한 상황은 이와 다르다.(66-67쪽)

아이리스는 실존주의라는 이름 아래 도스토예프스키, 키르케고르, 그리고 니체에서 하이데거와 사르트르에 이르는 광범위한 전통을 묶어낸다. 오늘날에는 이런 전통이 그다지 언급되지 않는데, 그 요소 중 조야한 상태로 남아 있던 것이 지금까지 전해지는 동안 널리 받아들여져서 더는 새로운 것이 아닌 당연한 것으로 자리 잡았기 때문이다. 또한 이 요소들은 표현 방식은 다르지만 미국의 자유지상주의자에 의해서도 재생산되고 있다. 아이리스는 사실 우리가 난해한 딜레마들과 직면할 때 우리 상황을 절망적일 만큼 모호하고 비이성적이라고 느낄 수밖에 없음을 인정한다. 그러나 (그녀는 주장한다) 이는 우리가 눈에 보이는 결정의 순간에만 생각 없이 집중

하기 때문인데, 그러면서 우리는 그 순간 이전에 이루어졌어야 하는 수많은 상상력 충만한 작업, 사려 깊고 섬세한 선택을 동반한 관심 쏟음에 무엇보다도 의존하는 그런 작업을 안중에도 두지 않는 잘못을 저지른다. 아이리스는 한 여인(M)을 예로 드는데, 그녀는 알게 모르게 그녀의 며느리(D)를 멸시하는 한편, 그녀 스스로 공정하지 못한 것이 아닌가 하는 의구심을 품으면서 'D를 관찰하거나 아니면 적어도 D에 관해 세심하게 숙고하는데 그 과정에서 M이 D를 보는 안목은 시나브로 바뀌게 된다.' 이 여인은 이제 과거에는 보지 못했던 사실을 보게 되는데, 이는 그녀가 자신을 기만한 것이 아니라 '공정하고 애정 어린 관심'을 쏟았기 때문이다. 장막을 치면서 우리를 가리고 눈멀게 하는 데 한몫했던 상상력이 (말하자면) 오히려 스스로 장막을 꿰뚫고 풀어헤치는 데 쓰일 수도 있다는 것이다. 상상력은 그저 기만의 요소이거나 인문학적 도락(道樂)을 위한 사치품 같은 것이 아니다. 이는 그 자체로 하나의 생명 기관이자 우리 세계관을 형성하고 이를 통해 우리 행위가 발생하는 일종의 작업 공간이다.

이런 종류의 반성적이면서도 상상력 충만한 관심, 생각 없이 제멋대로 갑자기 내리는 결정도 아닌 관심은 비교적 자유로우면서도 책임감 있게 행동하는 사람과 그러지 못하는 사람을 구별하는 주된 기준이 된다. 이는 당연한 사실이다. 물론 우리는 우리 관심을 자유자재로 제어할 수는 없다. 그러나 아무리 고집스러운 숙명론적 결정론자도 우리가 이 정도로라도 관심을 제어할 때 얼마나 엄청난 변화가 뒤따르는지를, 그리고 이것이 가능하게 하는 힘은 자연적으로 물려받은 것이라는 사실을 진정 의심할 수 없을 것이다. 다양한 분과의 과학이 하는 일은 (진지한 과학자라면 알고 있겠지만) 이런 자연적 과정에 대한 이해를 돕는 것이어야지, 그 과정의 존재를 부정하는 것이 되어서는 안 된다. 그런 부정은 이데올로기이지 과학이 아니다. 지난 세기 대부분 다양한 사조의 현대 자유지상주의자들은 여기서 일종의 유령 전쟁을 치러왔다. 그 전쟁의 대상은 과학이 아니라 과학의 탈을 쓴 무당이었다. 만약 자유지상주의자들이 『선의 군림』을 한번 훑어보기라도 한다면, 그들은 더 훌륭하고 더 기쁨 넘치는 곳으로 향하는 해방을 맛보는 데 큰 도움을 얻을 수 있을 것이다.

메리 미즐리

머리말

이 세 편의 논문은 과거에 출판된 적이 있다. 1964년 『예일 리뷰(*Yale Review*)』에 게재되었던 「완전성 관념」의 수록을 허락해준 담당 편집자, 1967년 '레슬리 스테판 강연(Leslie Stephen Lecture)'에서 발표되었던 「모든 개념 위에 군림하는 선」을 수록하게 해준 캠브리지 대학 평의원들, 1969년 『지식의 해부(*The Anatomy of Knowledge*)』에 게재되었던 「'신(神)'과 '선(善)'에 관하여」의 재출판을 허락해준 마조리 그렌(Marjorie Grene)교수와 '문화 통합의 기초를 위한 연구모임(Study Group on Foundation of Cultural Unity)', 그리고 루틀리지 앤 케이건 폴(Routledge and Kegan Paul) 출판사에 감사의 말씀을 올리고 싶다. 「완전성 관념」은 1962년 북웨일즈대학(University College of North Wales)에서의 '발라드 매튜 강연(Ballard Mathews Lecture)'을 기초로 쓴 것이다.

아이리스 머독

역자 서문

1.

이 책은 아이리스 머독(Iris Murdoch, 1919~1999)의 *The Sovereignty of Good*(2014년 『루틀리지 위대한 지성』 판, 초판은 1970년)을 한국어로 완역한 것이다.

2.

한일 월드컵으로 온 나라가 들썩이던 2002년 어느 날, 당시 사귀던 여자 친구가 영화를 보러 간다고 했다. 혼자? 응. 왜? 같이 보지. 오빠는 별로 재미없어 할걸. 제목이 뭔데? 음……아이리스. 아이리스? 꽃? 무슨 제목이 그래? 그녀는 멋쩍게 웃으며 혼자 영화를 보러 갔다.

그 이듬해 나는 그 여자 친구와 이별했고 미국으로 유학을 떠났다.

미국 대학원에서의 첫 학기, 수강 과목 중 하나가 「메타 윤리학」이었다. 수업 시간에 오고 가는 이야기는 나를 어리둥절하게 했다. 혼돈이었다. 이게 윤리학이라고? 윤리학이라면 인간을 윤리적으로, 그러니까 선하게 만들어야 하는 거 아냐? 자연주의, 인지주의, 비인지주의, 투영주의, 감각 이론. 수많은 이즘과 이론은 나를 탈진시켰다. 그들의 칼춤은 내 이해의 역량 밖에 있었고, 그 와중에 도대체 내가 왜 이들의 이야기를 들어야 하느냐는 내면의 절규는 커져만 갔다. 절규의 소리를 하루하루 힘겹게 안으로 삼키고 있던 어느 날, 처음으로 내가 알아들을 수 있는 말을 하는 한 철학자를 만났다. 그 수업 전체를 통틀어 유일하게 내게 닿은 목소리였다. 아이리스 머독이었다. 영화 제목 '아이리스'가 아이리스 머독의 '아이리스'이고 그것이 그녀의 전기 영화라는 걸 그리고 젊은 아이리스 역으로 (무려!) 「타이타닉」의 케이트 윈슬렛이 출연했다는 걸 알게 된 건 그로부터도 한참이 지나서였다.

2007년, 이런 저런 사정으로 미국에서 학위를 마치지 못하고 귀국했다. 이제 뭘 어떻게 해야 하나, 하릴없이 이리저리 어슬렁거리며 시간을 보내던 중 번역이나 해보자고 마음먹었다. 그리고 바로 머리에 떠오른 것이 아이리스 머독의 『선의 군림』이었다. 출판사를 수소문해서 모 출판사와 계약도 맺었다. 그러다 출판이 취소되었다. 약속한 기한 내에 원고를 탈고하지 못했다. 내 게으름이 가장 큰 이유, 그리고 기존과는 완전히 새로운 방식으로 번역을 해보겠다는 포부가 오히려 작업을 더디게 한 것이 두 번째 이유였다. 출판사 입장에서도 그다지 잘 팔릴 전망이 없는 책이라 판단해서 겸사겸사 출판 취소를 결정한 듯했다.

그렇게 이 번역 원고는 10년 동안 내 컴퓨터 속에 묻혀 있었다.

2017년 말, 늦은 박사 학위 논문을 준비하면서 다시 원고를 열어보았다. 머독을 만난 이후의 15년 세월이 주마등처럼 스쳐갔다. 이른바 분석 윤리학을 겪으면서 느꼈던 정신적 호흡 곤란, 그리고 산소호흡기와 같았던 머독. 15년이 지난 후에 다시 만난 머독은 삶에 대한 깊은 애정과 통찰이 돋보이는 철학자였다. 다시 출판사를 수소문했다. 그리고 고맙게도 이숲 출판사에서 출판을 결정해주었다. 그렇게 10년 만에 원고가 빛을 보게 되었다.

3.

이 번역은 분명한 번역 원칙을 가지고 진행된 것이다. 원문을 최대한 이해하고 그 이해한 내용을 한국어로 풀어 쓴다는 것이 그것이다. 간단히 말하면 극단적인 의역이다. 많은 사람이 의역을 반대한다. 원문에 충실하지 않게 된다는 것이 그 이유이다. 그러나 역자의 생각은 다르다. 어떤 작업이든지 그 작업의 결과물은 완결성을 지향해야 한다. 번역도 예외는 아니다. 직역을 하게 되면 그 시작부터 완결성을 포기할 수밖에 없게 된다. 직역한 한국어는 완결적인 한국어일 수 없다. 따라서 좀 더 나은 방식은 다음과 같다. 최선을 다해서 원문을 이해하고 그 이해를 토대로 제대로 된 한국어를 사용해서 그 이해한 의미를 실어 나른다. 그 과정에서 오역이 발생한다면 (기실 오역은 필연이다) 그 오역에 대해선 책임을 지고 질정을 달게 받는다. 이것이 더 바람직한 방식이다. 직역을 심하게 하면 오역 자체가 발생하기가 쉽지 않다. 틀린 번역은 아니나 그렇다고 맞는 번역도 아닌 어중간한 번역이 이루어지기 십상이다. 그런 어중간한 번역보다는 차라리 오역이 낫다. 질정을 받고 바로 잡으면 되기 때문이다.

머독의 문장은 유려하기 그지없다. 여타의 철학서와는 그 격을 달리하는 아름다운 영어로 문장 하나하나가 섬세하게 직조(織造)되어 있다. 이는 역자에게 큰 부담인 동시에 즐거움이었다. 역자는 그 글의 맛과 품격을 살리기 위해 최대한 노력했다.

4.
십 년이라는 긴 세월동안 번역 원고를 붙잡고 있는 동안, 원저 출판사 루틀리지(Routledge)에서 새로운 판을 냈다. 루틀리지사는 2014년 「루틀리지 위대한 지성(Routledge Great Minds)」이라는 시리즈물을 기획하면서 사상가 열 명의 저작을 추렸고, 그 일곱 번째로 『선의 군림』을 지정했다. 나머지 아홉 명을 일별하면 다음과 같다. 지그문트 프로이트, 시몬 베유, 클로드 레비-스트로스, 알베르트 아인슈타인, 데이비드 봄, 장-폴 사르트르, 칼 구스타프 융, 루드비히 비트겐슈타인, 버트런드 러셀. 이 목록을 통해서도 아이리스 머독의 위상을 잘 알 수 있다. 또 '위대한 지성' 판에는 이전 판에는 없었던 메리 미즐리의 서문도 실려 있다. 미즐리는 영국을 대표하는 도덕 철학자 중 한 명일 뿐 아니라 아이리스 머독의 이른바 절친이었다. 옥스퍼드 서머빌 칼리지 동기동창이기도 하다. 본서에 더 높은 품격을 더해 준 그녀의 서문 역시 번역해 실었다.

5.

이 책의 편집을 맡아주신 김재호 선생에 대해 한마디 하지 않을 수 없다. 첫 번째 출판사와 일이 틀어지고 이리저리 출판해줄 곳을 찾던 중 김재호 선생을 알게 되었다. 최고의 편집자라는 찬사와 함께 역자의 학교 선배가 추천해준 편집자였다. 그러나 당시 김 선생이 재직하던 곳에서는 출간이 어려웠다. 그런 상황에서 김 선생은 출판 원고의 일부를 개인적으로 편집해주는 호의를 보였다. 그때가 2012년 초이니 벌써 7년이 넘은 이야기이다.

이번에 출판이 결정되고 원고를 넘기고 나서 출판사에 김 선생의 이야기를 조심스럽게 꺼냈다. 이숲 출판사의 임왕준 주간은 이야기를 듣더니 통 큰 결정을 내려 외주 형식으로 김 선생의 편집을 허락해주었다. 바로 김 선생에게 연락을 취했더니 바쁜 와중에도 흔쾌히 편집을 맡아주겠다는 의리를 보여주었고, 수차례에 걸쳐 원문을 대조하고 수정해주었다. 김 선생의 의리와 정성 덕분에 원고의 질이 전보다 비교할 수 없을 만큼 좋아졌다. 이 지면을 빌려 다시 한번 김재호 선생과 임왕준 주간께 머리 숙여 감사드린다. 한마디 덧붙이자면, 두 분이 베풀어주신 커다란 도움과는 별개로 본

서 속 일체의 오역은 전적으로 역자의 책임이다. 독자 제현의 많은 질정을
바란다.

번역서 하나 내면서 너무 많은 사연과 의미가 붙어버렸다. 이것으로
지난 10년의 더께를 털어버리려 한다.

2020년 2월
역자 識

차례

서문······ 7

머리말······ 19

역자 서문······ 21

1장. 완전성 관념 ······ 29

2장. '신(神)'과 '선(善)'에 관하여 ······ 91

3장. 모든 개념 위에 군림하는 선 ······ 133

색인 ······ 171

1장

완전성 관념

철학에 진보란 존재하지 않는다고, 안달하면서 혹은 만족스러워 하면서 우린 되뇌곤 한다. 분명 철학에 진보란 없다. 그리고 이는 철학이라는 학문의 변함없는, 그렇다고 유감스럽지만도 않은 성질, 뭐랄까 끊임없이 시원(始原)으로 회귀하려는 시도 없이는 못 배기는 성질 때문이라고, 나는 생각한다 — 참으로 쉽지 않은 일. 철학에는 두 방향의 운동이 있다. 세련된 이론으로 복잡하게 쌓아올린 건축물을 향해 달리다가, 문득 단순명료한 사실의 고찰을 향해 되돌아가기도 한다. 맥타가르트[1]는 시간은 비현실적이라고 말했고, 그에 대한 무어[2]의 대답은 '나는 아침식사를 이제 막 끝냈다'는 것이었다. 둘 다 철학에서 없어서는 안 될 면면이다.

나는 지금 이 논의가 시원으로의 회귀 시도가 되기를 바란다. 그리고 그 일환으로 어떤 한 입장의 등장 배경을 살펴보면서 우리의 지난 발자취를 더듬어보려 한다. 여기서 문제가 되는 입장은 현대 도덕철학의 흐름 속에 있는 것으로, 서로 관련된 두 가지 이유에서 내가 보기에는 부족한 감이 없지 않다. 그 입장은 우선 몇몇 분명한 사실을 도외시한다. 동시에 특정한 단일 이론을 강요하면서 반대 이론과의 소통은 말할 것도 없고 반대 이론 속으로 몸을 숨기는 것조차 용납하지 않는다. 물론 철학이 다반사로 이런 짓을 자행했다는 것은 숨길 수 없는 진실이다. 그러나 이따위 이론을 철학자들이 그리 오래 두고 보지는 않았다는 것 역시 진실이다. 위에서 말한 바 분명한 사실에 해당하는 것, 감히 나는 그것들을 사실이라고 부르는데, 이미 잊혔거나 '이론에 의해 거세'되었지만 여전히 내 관심을 끄는 사실

---

1) J. M. E. McTaggart(1866-1925). 영국 철학자로 저명한 헤겔 주석가이기도 하다. 대표작은 『시간의 비실재성(*The Unreality of Time*)』.

2) G. E. Moore(1873-1958). 영국 철학자로 영미 분석철학의 초석을 놓은 인물 중 한 명. 특히 『윤리학 원리(*Principia Ethica*)』는 메타 윤리학의 시작을 알렸다는 평가를 받는다.

에 해당하는 여러 가지 사례가 있다. 반성하지 않는 삶도 덕스러울 수 있다는 사실[3], 사랑도 윤리학에서 중요한 개념이 될 수 있다는 사실 등이 그것이다. 현대 철학자들은 흔히 덕을 의식(意識)과 연결시킨다. 자유에 대해서는 끊임없이 말하면서, 사랑에 대해서는 입을 닫는다. 그러나 덕과 사랑 사이에는 모종의 관계가 있기 마련이고 소크라테스와 덕스러운 무지렁이 모두를 다 제대로 평가할 가능성도 있기 마련이다. 그리고 바로 이런 '~하기 마련'이라는 말 속에 철학의 가장 심원한 원천과 원동력이 존재한다. 나아가 우리 시야를 넓히려 노력하면서 우리의 전통 밖의 철학 이론에 잠깐 동안이라도 눈을 돌려 보면, 명명백백한 연관을 하나라도 확립하기가 얼마나 어려운지 깨닫게 된다.

햄프셔 교수[4]는 그의 책 『사고와 행위(Thought and Action)』 제3장에서 '궁극적인 가치 판단들을 아주 명료하게 진술할 수 있는 일련의 용어를 제공하는 것은 심리철학의 건설적인 과업이다'라고 말한다. 이 말은 결국 도덕철학의 배후에는 심리철학이 존재한다는 이야기다. 따라서 가치들을 표현 불가능한 것으로 만들어 버리는 일종의 신어(新語)[5]비슷한 것으로 현대 윤리학이 구성되어 버리면, 결국 그 혐의는 현대 심리철학에, 즉 특정 방식의 영혼 묘사라는 우리를 홀리는 힘에 돌릴 수밖에 없다. 햄프셔 교수의 기대와 달리 사실상 심리철학이 도덕의 근본 문제를 정리하고 분류하는 역할을 하지는 못했다고, 도리어 인간 본성에 대한 이론이라는 미명 아래 특

---

3) 소크라테스, "반성하지 않는 삶은 살 가치가 없다(o ... anexétastos víos ou viotós anthrópo)"(『소크라테스의 변론』, 38a 5-6).

4) Stuart Newton Hampshire(1914-2004). 옥스퍼드 출신 철학자로 그의 대표작 『사고와 행위(Thought and Action)』(1959)는 인간을 단순한 수동적 관찰자에서 행위하는 주체로 보아야 한다는 주장을 담고 있다.

5) Newspeak. 조지 오웰의 소설 『1984년』 속 오세아니아 사람들이 사용하는 단순화된 언어.

정한 가치 판단을 강요했다고 생각할 수도 있다. 물론 철학이 특정한 가치 판단을 제시하는 것 말고 다른 무엇을 할 수 있는지 그 자체가 생각해 봐야 할 문제이기는 하다. 하지만 사실 현대 철학자 중 분석적, 중립적인 척하는 사람이 있다면 그 사람은 되지도 않는 짓을 하고 있다는 말을 들어도 좋다. 모든 것을 포괄할 수 없는 분석이라면, 더 넓은 영역 혹은 동떨어진 영역에 위치한 그래서 그의 호적수가 될 만한 영혼의 묘사를 시도라도 해봐야 철학적 반성을 위한 새로운 장은 열린다. 도덕 행위자로서 우리는 알고 싶다. 논리 때문에 우리가 해야 하는 것은 무엇인지, 인간 본성 때문에 우리가 해야 하는 것은 무엇인지, 우리가 선택할 수 있는 것은 무엇인지. 이런 과제에 대해 이러쿵저러쿵하기는 쉽다. 하지만 말한 대로 실행하는 것은 아마도 불가능할 것이다. 심지어 이들 과제를 제시해 놓고서 우리가 무엇을 성취**할 수** 있는지를 알아내는 것조차도, 쉽게 가져다 쓸 수 있는 것을 훨씬 넘어서는 극도로 복잡하고 미묘한 개념 체계를 필요로 하는 난해한 일이다.

현대 윤리학 속 애매모호한 여러 요소의 기저에 깔려 있는 심리철학의 문제점을 살펴보기에 앞서, 우선 G. E. 무어에 대해 한마디 하고 싶다. 무어는 마치 그림의 액자틀 같은 존재로, 그의 글이 발표된 이래 너무나 많은 설왕설래가 있었다. 우리가 지금 그의 글을 다시 읽으면 그가 믿은 것 중에서 지금은 철학적으로 언급할 가치조차 없는 것이 얼마나 많은지 놀라게 된다. 무어에게 선(善)[6]은 지각을 넘어선 실재로, 표상될 수도 정의될 수

---

6) 'good' 혹은 'goodness'라는 개념은 그 한국어 해석이 의외로 매우 어려워 '선(善)'과 '좋음' 사이에서 갈팡질팡 하기 쉽다. 일상적인 사용 면에서 보면, 기실 '좋음'보다는 '선'이 자연스러운 번역이라 볼 수 있다. 일단 '좋음'은 '좋다'라는 형용사의 명사형이라는 점에서 개념어가 되기에는 부자연스럽다. 그러나 문제는 영어 'good' 혹은 'goodness'라는 단어가 한국어 '선'과는 그 의미가 자못 다르다는 것이다. '선'은 통상 인간의 내면 혹은 품성을 가리키는 개념, 즉 '착함'을 그 동의어로 삼을 수 있는 개념이라면, 좋음은 인간은 물론이고 다른 존재, 심지어 사물에까지도 해당되는 포괄적 개념이라 할 수 있다. '착한 의자'라는 표현은 불

도 없는 신비스러운 성질이며 동시에 앎의 대상이었다. 그리고 그는 (명시적으로 말하지는 않지만) 어떤 점에서 선을 볼 수 있다는 것과 선을 획득할 수 있다는 것을 동일시하였다. 그는 선과 아름다움을 유비(類比)적 관계로 파악했다. 자신의 의도와 상관없이 그는 '자연주의자'로 취급되기도 했는데, 선이 세계의 한 구성요소로 실재한다고 생각했기 때문이었다. 우리는 무어가 후배 철학자들에게 얼마나 신랄하게 그리고 왜 비판받았는지 잘 알고 있다. '무엇이 선한[좋은] 것인가?'라는 물음과 '"선"의 의미는 무엇인가?'라는 물음을 분리했다는 점에서는 무어가 옳았(다고들 이야기한)다. 그러나 그는 두 가지 물음 모두에 대해 그릇된 대답을 들고 나왔다. 선은 정의할 수 없는 것이라고 말한 대목에서 그는 옳았다. 그러나 선이 성질의 이름이라고 한 대목은 틀렸다. 선이 정의 불가한 이유는 가치 판단이 개인의 의지와 선택에 달려 있어서이다. 선 인식과 관련해서 (후배 철학자들의 비판은 계속된다) 안목(vision)[7]이라는 유사-미학적 이미지를 끌어들였기 때문에 무

가능하지만 'a good chair'는 완벽하게 옳은 표현이다. 그래서 과거에는 대개 'good'을 '선'으로 번역했지만, 최근에는 거의 '좋음'으로 번역한다. 즉, 최근의 윤리학계에서 '좋음'이 거의 개념어로 자리 잡았다고 할 수 있다. 그럼에도 불구하고 이 책에서는 'good' 혹은 'goodness'를 '선'으로 번역하고, 때때로 '좋음', '좋은', '좋다'를 편의에 따라 병기했다. 그 이유는 다음과 같다. 첫째, '좋음'보다는 '선'이 보다 개념어답다. 물론 논란의 여지는 있겠지만, 개념어가 꼭 일상어와 그 외연이 같을 필요는 없다는 것, 개념어의 외연을 알맞은 정의를 통해 획정하면 된다는 것이 역자의 생각이다. 둘째, 의미상으로도 그 근원을 거슬러 올라가면 '선'에는 '착함'이라는 뜻 말고도 '잘함', '좋음'의 뜻이 있는데, '최선책(最善策)', '선처(善處)' 등의 단어가 그 예이다. 그렇다면 실제로 '선'과 '좋음'은 그 외연이 거의 같아진다. 셋째, 통상 '선'은 사물을 형용할 때 어색하고 '좋음'은 인간의 품성을 형용할 때 어색한데, 이들이 결국 도덕철학적 개념이라는 점을 상기하면, 사물의 형용할 때의 어색함을 피하기 위해 인간의 품성을 형용할 때 어색한 단어를 쓰는 것은 격에 맞지 않는다.

7) 무어 이론 비판을 검토하면서 머독은 'vision'이라는 개념을 사용한다. 이 개념은 단지 무어 이론에 관련해서만이 아니라 이 책 전반에 걸쳐 매우 중요한 역할을 담당한다. 'vision'은 대체로 두 가지 뜻을 가지고 있는데, 하나는 시각, 시력, 시야라는 뜻으로 이는 통찰력, 상상력 등의 의미로 파생되고 이 경우 주체의 능력, 혹은 기능을 의미한다. 그리고 또 하나는 환상, 장면 등의 뜻인데 이때는 주관에게 현상하는 객관적인 대상이나 상태를 의미한다. 문맥에 따라 약간씩 다르긴 하지만 머독이 이 책에서 사용하는 'vision'이라는 용어를 주체의 능력으로 사용할 때는 주로 '시각을 다듬어 외부의 사물, 정황을 더 넓게 더 깊게 더 정확하게 볼 수 있는 능력'이라는 의미로 쓴다. 한국어로 "자네는 참으로 '보는 눈'이 있군!" 할 때의 보는 눈이 사실 머독이 쓰는 'vision'의 정확한 의미이다. 그러나 '보는 눈'이라는 번역어는 어감 상 어색하기 때문에 역자는 '안목(眼目)'이라는 '보는 눈'의 한자 표현을 사용했다. 그리고 문맥에 따라 안목이 아니라 '바라봄'으로

어는 틀렸다. 아름다움을 인식하듯이 선을 인식한다는 그의 견해에 따르면, 도덕 행위자가 관조적(觀照的)[8] 태도를 가질 가능성이 열린다. 그러나 도덕적 행위자를 다룰 때 요점은, 그가 본질적으로 그리고 불가피하게, 관조자가 아니라 **행위자**일 수밖에 없다는 사실이다. 그들의 주장에 따르면, 도덕을 이해하기 위해 동원되어야 할 이미지는 바라봄[안목]이 아니라 움직임이다. 선과 아름다움은 유사하지 않다. 오히려 첨예하게 대립하는 관념이다. 선은 세계의 일부분이 아니라 세계에 자유롭게 붙였다 뗐다 할 수 있는 꼬리표 같은 것으로 이해해야 하고, 그래야만 행위자를 책임과 자유를 가진 존재로 묘사할 수 있다. 무어가 '선'의 외연[9]과 내포[10]를 분리한 순간, 그 자신도 그 사실을 절반쯤은 받아들인 셈이다. '선' 개념은 은밀하게 전해져온 전가(傳家)의 보도(寶刀)가 아니라 이성적 인간이라면 누구나 사용할 줄 아는 도구에 불과한 것이다. 선은 통찰이나 지식의 대상이 아니라 인간 의지의 순조로운 작동을 일컬을 따름이다. 자, 여기까지가 무어에 대해 가해진 비판이다. 그러나 미리 말하겠다. 나는 거의 모든 점에 걸쳐 무어의 비판자가 아니라 무어의 손을 들어주고 싶다.

'선'이란 의지의 작동을 일컫는 것에 불과하다는 발상에 철학계는 매혹되었다. 수많은 철학적 문제를 한 방에 해결해버렸기 때문이다 — 형이상학적 실체들은 일소(一掃)되었고, 도덕적 판단은 더 이상 불가사의한 언명이 아니

표기하기도 했다. 따라서 '안목', '바라봄' 모두 'vision'의 번역어이다.

8) 여기 '관조(contemplation)'는 아마도 머독이 희랍어 '테오리아(θεωρία)'를 염두에 두고 사용한 용어일 것이다. '테오리아'는 원래 '떨어져서 보다'라는 의미를 지닌다. 떨어져서 보기 때문에 전체적으로 치우치지 않고 볼 수 있다는 의미도 내포한다. 이런 이유로 관례적으로 '관조' 혹은 '정관(靜觀)'이라고 번역하지만, '관상(觀想)' 혹은 '완상(玩賞)'이라고 번역하기도 한다. 덧붙여 영어 'theory(이론)'의 어원이기도 하다.

9) 선한 것.

10) 선의 의미.

라 설득이나 명령 혹은 규칙처럼 훨씬 쉽게 이해될 만한 것으로 탈바꿈되었다. 이 발상은 나름의 명료성을 지닌다 — 유용성을 내세우거나 도덕적 삶에 대한 우리의 일상 지식에 호소하면서 그 타당성을 주장하지도 않는다. 나아가 최근 더욱 세련화된 도덕심리학 전반과 상충하지도 않는다. 이제 나는 이 도덕심리학의 몇 가지 면면을 살피면서, 그 근원과 기초가 무엇인지 비트겐슈타인의 논증을 따라 내 나름대로 추적해보고자 한다. 먼저 도덕심리학 속 '인간'의 모습을 개관하고 가장 중요한 특징에 대해 언급한 후, 그런 인간 이미지를 옹호하는 근본 논증을 살펴볼 것이다.

현대 도덕철학 속 '인간'의 모습을 그려보기 위해, 햄프셔 교수의 두 저서 『사고와 행위』와 강연집 『성향과 기억(Disposition and Memory)』을 원용하겠다. 햄프셔의 견해는 보편적 동의를 굳이 구하려하지 않는 그 태도에도 불구하고 충분히 일반적이면서도 전형적이라는 게 내 생각이다. 그리고 많은 현대 도덕철학자들이 그저 당연시해온 것을 정교하게 다듬어 주장한다는 점에서 그의 견해는 큰 장점이 있다. 햄프셔는 초연한 관찰자로서의 인간이라는 (영국 경험론자에겐 소중한) 이미지를 버려야 한다고 주장한다. 그리고 의도[11]가 행위로 이어지는 연속적인 흐름 속에서 다른 대상들과 섞여 움직이는 하나의 대상으로 인간을 묘사하기를 제안한다. 바라봄이 아닌 접촉과 동작이 우리의 은유를 위한 원천이 되어야 한다 — '바라봄

---

11) intention. 통상 의도 혹은 지향으로 번역한다. 특정 대상을 떠올리고 있는 의식 상태, 즉 의식이 특정 대상을 향하고 있는 상태'라는 의미이다. 예를 들자면, 나는 지금 어제 먹은 팥빙수를 머릿속에 그릴 수 있다. 이때 나는 팥빙수라는 특정 대상을 의식 속에 떠올리고 있는 것이다. 현상학에서는 이것을 의식의 지향성(intentionality)이라고 한다. 기실은 의도와 지향이 모두 최적의 번역어는 아닌데, '의도'라고 하면 바로 행위가 이어질 것 같아 너무 실천에 가까운 느낌이고, '지향'이라고 하면 행위보다는 의식에 초점이 맞춰지는 것 같아 본의는 살리는 것 같으나 그 의미가 쉽게 다가오지 않는다. 다시 말해서 '의도'는 의미의 외연이 좁고, '지향'은 생경한 느낌이다. 본서에서는 편의상 '의도'라고 번역했으나, 독자께서는 그 뜻을 위 설명과 같이 새겨주시기 바란다.

봄이라는 비유로는 사물과의 접촉, 취급, 조작을 제대로 설명할 수 없다.' 행위란 거칠게 말해서 공적(公的) 세계 속 사물들을 이리저리 움직이는 것이다. 즉 '세계 속에서 괄목할 만한 변화를 일으켜야만' 행위로 간주할 수 있다. 어떤 것이 그런 괄목할 만한 변화가 될 수 있을까? 여기서 우리는 외부 세계를 구성하는 사물 및 사람과, 나 또는 타인이 매 순간 받아들이고 있는 감각 및 인상을 구별해야 한다. 무엇이 '진짜'인지는 아마 관찰자에 따라 달라질 것이다. 내적 혹은 정신적 세계는 불가피하게 외부 세계에 기생(寄生)할 수밖에 없다. 즉 '기생적인, 그림자와 같은 본성'을 가지는 것이다. 따라서 사고 과정을 획정하기 위해서는 '여러 다른 관점을 가진 관찰자들에게 인식, 조사, 확인할 수 있는 가능성이 열려 있어야 한다. 그리고 이 가능성은 실재를 획정하기 위해서도 필수불가결한 것이다'. '그림자놀이가 실재인 것처럼, 청취 가능한 말이나 가시적인 행위가 전혀 없는 정신의 놀이도 실재이다. 그러나 정신의 놀이에 대한 모든 기술(記述)은, 말과 행위를 할 때의 자연스러운 표현에 대한 기술에서 비롯된 것이다.' '질문과 답변이 실제로 전혀 오가지 않은, 즉 어떤 소통 과정도 없이 정신 속에서만 이루어진 동의는 그림자와 같은 동의, 그림자와 같은 행위에 불과한 것이다.' '사고는 백일몽이나 묵상과는 다르다. 행위든 판단이든, 일정한 결과로 이어지지 않으면 사고라 할 수 없다.' 나아가 사고-믿음[12]은 의지-행

---

12) belief. 영미 철학을 다룰 때 'belief'는 참으로 번역이 까다로운 용어이다. 통상적으로 '믿음'이라고 번역하기는 하지만 실제로 '믿음'보다 훨씬 더 앎에 가깝다. 그럼에도 '앎'에 가까운 뜻을 가진 단어를 이처럼 '믿음'으로 표현하는 이유는 역자의 생각에 어떤 것도 쉽게 안다고는 하지 않는 영미 철학 특유의 조심성 때문이 아닌가 싶다. 만약 지금 비가 오고 있고 화자가 이를 보고 있을 때 이것을 영어로는 'I believe that it is raining'이라고 표현한다. 비가 오고 있는 모습을 확인하고 있기 때문에 이것을 '나는 지금 비가 오고 있다고 믿는다'라고 번역하면 매우 어색하다. 오히려 지금 비가 오고 있다는 것을 나는 '안다'라고 하는 것이 자연스럽다. 그럼에도 본서에서는 철학계의 통상적 용법에 따라, belief를 '믿음'이라고 번역했다. 독자께서는 여기서의 '믿음'을 믿음이되 '앎'에 가까운 것으로 새겨주시기 바란다.

위로부터 분리된다. '일상적으로 말하고 사고할 때, 우리는 사고와 행위를 되도록 분명하게 구별하려 애쓴다.' 이런 사고는 행위가 아니라 행위의 도입부다. '내가 행위를 한다는 것은 내가 책임을 진다는 것이고 독자적으로 나 자신을 표현하는 것이다. 나 자신의 개입 없이도, 본질적으로 사고는 스스로 형태를 취하고, 스스로 자신의 길을 걷는다. 나의 개입이란 말하자면 내 의지의 개입이다. 나는 나 자신과 내 의지를 동일시한다. 그 형태가 가장 순수할 때 사고는 스스로 자신을 이끈다. (⋯) 의지의 예비적 작용이 완전히 끝나면, 사고는 보편 법칙이 지배하는 자신의 길을 걷기 시작한다. 사고는 의지 작용, 즉 임의적 주의 환기가 간섭해도 그 진행을 멈추지 않고, 지속적 사고 작용이라는 자신의 상태를 유지한다.' 이런 햄프셔의 주장들은 매우 중요한데 이로부터 '믿음'이 의지에 종속된 것이 아니라는 결론이 따라 나오기 때문이다. '어떤 것에 대한 내 나름의 믿음을 성취로 내세울 수는 없다. 그렇게 하는 순간, **믿음**으로서의 자격을 잃게 되기 때문이다.' 이상은 『사고와 행위』의 2장 후반부에서 발췌한 것이다.

어니스트 존스 강연집(Ernest Jones lecture) 『성향과 기억』에서 햄프셔가 한 작업은 다음 두 가지다. 훨씬 간결하지만 오히려 더욱 논쟁적으로 『사고와 행위』 속 주장을 제시하는 동시에 프로이트 학설에서 취한 '개인적 확증'이라는 관념을 도입하는데, 그 상세한 내용은 다음과 같다. 『성향과 기억』에서 그는 말한다. '의도는 의식 이하의 것에 의해 오염되지 않도록 순수하게 보존해야 하는 개념이다.' '물질적 개념과 대비되는 심리적 개념의 특성은 심리적 개념의 적용 조건은 오직 발생론적으로 분석할 때에만 이해 가능하다는 것이다.' 이상은 앞서 『사고와 행위』에서 주장한 바를 간결하게 다시 언급한 것이다. 이제 햄프셔는 '이상(理想)적으로 이성(理性)적인 인간'을 묘사한다. 이 인간은 '그의 모든 기억을 기억으로 자각하고 있을 것이다. (…) 그가 소망하는 것은 명확하게 한정된 미래가 가진 명확하게 한정된 가능성 안에 확정되어 있을 것이다. (…) 그는 (…) 과거에 대한 무의식적인 기억과 현재의 상황을 구별하려 할 것이다. (…) 그리고 본능 상 필요한 것을 충족하려는 자신의 행위 동기가 객관적으로 관찰된 현재 상황의 면면 속에 존재한다고 생각할 것이다.' 그러나 이런 이상적인 인간은 존재하지 않는다. 쓰고 지우기를 반복한 양피지와 같은 '성향'의 벽은 뚫어내기엔 너무 질긴 것이기 때문이다 ― 이상적인 이성은 '예술도, 꿈 혹은 상상도, 그리고 본능상 필요한 것과는 무관한 일체의 호오감정(好惡感情)도' 용납하지 않는다. 실제로는 몰라도 이론적으로는 '끊임없는 분석'을 통해 성향 메커니즘을 밝혀내어, 행위를 완벽하게 예측할 수 있게 될는지도 모른다. 그러나 햄프셔는 그런 이상적 지식은 과학적 법칙의 형태가 아니라, 개인의 역사에 기초를 두고 확증된다는 점을 (이것이 이 강좌의 요점이다) 강조한다. 나는 나중에, 이처럼 매우 설득력 있는 햄프셔의 이성적 인간 묘사에 모순 요소가 있다고 주장할 것이다. 나의 반박을 여기서 슬쩍 언급하면, 마음에 관한 '논리적' 관점과 '역사적' 관점 사이에는 갈등이 있을 수밖에 없다는 것이 요점이다. 그리고 그 갈등 원인 중 하나는 논리학이 과학에 대한 케케묵은 이해에 여전히 얽매어 있기 때문이다. 이 문제는 이후 다시 다룰 것이니 여기서는 일단 이 정도만 하겠다.

햄프셔의 견해가 매우 상세하다 보니 어쩔 수 없이 인용이 많아졌다. 하지만 햄프셔의 견해와 조목조목 대조하면서 내 견해를 개진하는 것의 유용함이 나중에 밝혀질 것이다. 위에서 밝혔듯 요즘 등장한 도덕철학뿐 아니라 정치학의 주제 곳곳에도 햄프셔의 인간상은 숨어 있다. 햄프셔는 많은 사람이 당연시해온 인간 개념의 배후를 철저히 파헤쳤다 — 이는 그의 큰 공적이다. 덧붙여 그의 인간상은 또 다른 이유에서 우리에게 매우 친숙하다 — 현대 소설 속 주인공 대부분이 이런 모습을 띤다. 그 인간상에 대한 자세한 논의에 앞서 우선 그 특징부터 살펴보겠다. 햄프셔는 '의도' 개념의 명료성을 강조한다. 그는 '모든 문제는 의도에서 서로 만난다'고 말하는데 그의 심리학에서 의도와 관련되는 것은 오로지 명시적인 '당위'뿐이다. 우리는 우리 자신이 무엇을 하고 있는지 반드시 알아야만 한다. 우리는 당면 상황에 대한 총체적 지식과 우리의 모든 가능성에 대한 명료한 이해, 모두를 목표로 삼아야 한다. 분명하게 규정된 그리고 외부로 드러난 사안으로 방향을 잡지 않으면 사고와 의도는 그저 백일몽에 불과한 것이 되어버린다. '실재'는 다른 관찰자들에게도 잠재적으로 열려 있다. 외적 행위들 사이에 놓여 있는 '내면'은, 탈개인적 사고이거나 행위의 '그림자' 그도 아니면 실체 없는 꿈에 불과하다. 정신적 삶이란 공적 공간의 삶이 드리우는 그림자이고 논리적으로도 그럴 수밖에 없다. 개인적이라 할 만한 것은 외적으로 드러난 선택 의지의 작동뿐이다. 햄프셔는 이 의지를 고립된 것으로 묘사하는 데 어마어마한 주의를 기울인다. 의지는 믿음, 이성, 감정으로부터 고립되어 있지만 그럼에도 본질상 여전히 자아의 중심이다. '나는 내 의지와 나 자신을 동일시한다.' 의지는 믿음과 분리되어 있다. 그럼으로써 이성의 권위는 온전히 보존되어 믿음을 만들어낸다. 행위의 책임 역시 온전히 보존된다. 나의 책임은 (완전히 탈개인적이 되기 위해 애쓰는) 나의 지식과 (완전히 개인적인 것인) 의지가 기능하면서 규정된다. 명료하게 사고하고 그 사고 내용을 바탕으로 타인과 외적으로 관계하는 것이 도덕의 본질이다.

이런 견해대로라면 도덕은 쇼핑 비슷한 것이 된다. 나는 전적으로 책임을 동반한 그러나 자유로운 상태로 상점에 들어가서 상품의 면면에 대해 객관적으로 저울질하고 나서야 비로소 상품을 고른다. 내가 탁월한 객관성과 판별력을 가질수록, 내가 선택할 수 있는 상품의 수는 증가한다.(이런 부르주아 자본주의적 도덕 이해에 맞선 마르크스주의적 비판은 상당히 적절한 듯싶다. 우리는 많은 상품을 원해야 하는가, 아니면 단지 '맞춤한 상품'만을 원해야 하는가?) 행위로서나 이성작용으로서나 쇼핑은 공적인 것이다. 의지는 이성과 관계하지 않으므로 '내적인 삶'은 도덕의 영역에서 제외된다. 이성은 중립적 기술(記述)을 통해 작동하는 이른바 이상적 관찰자가 되려 한다. 가치 관련 용어는 의지에만 특권적으로 적용되는 것이다. 그러나 의지는 무매개적인 선택이자 동작이라는 점에서 사고나 바라봄과는 다르다. 의지에 정말 필요한 것은 '선함[좋음]'이나 '옳음'처럼 오직 행위에만 관련된 단어다. 교과서나 소설 속 등장인물과 마찬가지로 우리가 여기서 기술하고 있는 인간은 세련된 규범 어휘를 소유한 인간이 아니다. 현대 윤리학에서는 고립된 의지와 관계하는 공허한 행위 용어로서의 '좋음'이라는 단어만 분석하고 다른 가치 관련 용어는 무시하는 경향이 있다. 여기서는 '현실주의자'가 되는 것을 목표로, 성실함을 근본적인 아니 유일한 덕목으로 삼는 인간이 주인공이 된다.

여기서 행태주의와 실존주의 그리고 공리주의가 합체되면서 매우 강력한 이미지로 현상한다. 위 견해는, 의미와 행위와 존재 유무가 공적(公的)으로 관찰 가능한 요소들에 의해 결정된다는 점에서 행태주의적이고, 실체적 자아를 제거하고 의지를 유일 전능한 것으로 강조한다는 점에서 실존주의적이다. 아울러 도덕이 공적 행위와 관계할 뿐 아니라 오직 공적 행위만 도덕과 관계를 맺을 수 있다고 전제한다는 점에서 공리주의적이다. 또한 이 견해는 부차적 요소이긴 하지만 민주주의적 견해라 불리기도 하는데, 도덕이 비전적(祕傳的) 성취가 아니라 보통 사람의 자연적 기능이라고 주장한다는 점에서 그렇다. 이런 이미지를 다른 방식으로 표현하면, 프로이트의 장엄한 축복 속에서 이루어지는 칸트식 자유주의와 비트겐슈타인 논리학의 행복하고 풍요로운 결합이라고 할 수도 있겠다. 이 문제에 관해서도 그 자세한 논의는 잠시 미루자. 여기서 우리가 당면한 문제는 사실 그 분석이 복잡하고 어려운 것이다. 급히 해답을 찾아야 할 다양한 문제들을 우선 정리하고 분류해보자.

나는 위에서 개관한 인간상이 뭔가 생소하고 별로 그럴듯하지 않다는 사실을 발견한다. 좀 더 구체적으로 말하면 — 나는 이 인간상에 대해 단순한 경험론적 반론을(나는 필연적으로 혹은 본질적으로 사람들의 '모습이 그렇다'고 생각하지 않는다)을, 철학적 반론을(나는 그 주장이 설득력이 있다고 생각하지 않는다), 그리고 도덕적 반론을(나는 사람들이 그런 방식으로 자기 자신을 묘사할 당위성을 가진다고 생각하지 않는다) 마음에 품고 있다. 한 사람의 머릿속에 이처럼 각각의 반론을 따로따로 유지하기는 미묘하고 어렵다. 그래서 나중에 나는 위 인간상에 호적수가 될 만한 다른 인간상을 제시하는 방식으로 이 문제를 다루어 볼 것이다. 그러나 일단 여기서는 앞서 언급한 '내적인 삶' 이론을 좀 더 상세하게 살펴보겠다. 이 이론을 처음 접하면, 강한 본능적 반응을 보일 가능성이 크다 — 사람들은 외부 세계는 존재하고 내부 세계는 존재하지 않는다는 주장에 만족하거나, 아니면 (나 자신이 그렇듯이) 그럴 수는 없다고, 거기엔 반드시 있어야 할 무엇인가가 빠져 있다고 느낄 것이다. 그리고 누군가가 '내적인 삶'은 어쨌거나 중요하다고 생각한다면 그는 내적인 삶의 위상을 이 따위로 취급한 위 주장을 더욱 열렬히 비판할 것이다. 그리고 이런 비판은 광범위한 결과를 야기할 텐데, 왜냐하면 공적으로 드러난 '동작'의 매 순간순간 '내적으로는 무슨 일이 벌어지고 있는가'라는 질문을 어떻게 다루느냐에 따라 선택 개념의 위상 및 자유의 의미 그리고 의지와 이성의 관계와 지성과 욕망의 관계 등 여러 주제에 관한 우리의 견해가 결정되기 때문이다. 이제 살펴볼 것은 실존-행태주의 유형의 도덕심리학 속 핵심원리로서, 내 생각에 이는 근본을 건드리는 매우 과격한 주장이다 — 심리적 개념은 반드시 발생론적으로 분석해야 하고 따라서 내적 세계는 외부 세계에 기생하는 것으로 간주해야 한다는 말로 귀결되는 주장.

이 주장은 한층 일반적이면서도 매우 친숙하게 현재까지 이어져온 '사적(私的)'인 것의 위상에 관한 논변의 한 특수 사례를 통해 볼 때 가장 쉽게 이해할 수 있다. 데카르트 이래 최근에 이르기까지 서양 철학의 전통을 사로잡은 실체 하나가 존재하는데 이를 지칭하는 이름은 다양했다 — 사유(cogitatio), 감각인상, 감각자료. 이 실체는 각자에게 사적으로 존재하는 것으로, 그 소유자가 이 실체의 **드러남**[현상]에 대해 오류 없는 확실한 **앎**을 가지고 있다는 점을 통해 그 실체성을 검증받았다. 데카르트는 이 실체를 저 유명한 논변의 출발점으로 삼았고 영국 경험론자들은 이 실체를 사고의 도구로 묘사했다. 이상스럽게 매력적이고 들으면 바로 이해되는 이 **사유** 혹은 감각자료라는 개념에 의거하면, 우연적인 의미와 논리적인 의미, 이 둘 중 적어도 하나에서 내적인 것은 사적일 수 있다. 나는 당신에게 비밀을 말할 수도 있고, 말하지 않을 수도 있다. 그러나 나는 (논리적으로) 당신에게 나의 감각자료를 보여줄 수는 없다.

길고 다양한 역사를 거친 후, 이제 철학자들은 사유 개념을 거의 폐기했다. 그 이유는 두 갈래로 나뉘는데 간략히 정리하면, (a) 그런 실체는 공적 개념 구조에 걸맞지 않고, (b) 그런 실체는 내성(內省)에 의해 발견될 수 없다는 것이다. 다시 말해서 (a) 그런 실체는 쓸모가 없고, (b) 그런 실체는 내성의 대상으로 존재하지 않는다는 것이다. 두 번째 논거는 경험적 반박과 논리적 반박 두 가지로 다시 나뉠 수 있다. 경험적 반박은 내성가능체(introspectabilia)는 아주 미미하고 희미하게 존재한다는 것이고, 논리적 반박은 그 존재를 확인하려 할 때는 언제나 어려움이 따를 수밖에 없다는 것이다. 통상 위 두 논거 중 (a)가 (b)보다 더 주목받아 왔는데 그 이유는 (a)는 사유 개념에 결정적 한 방을 먹인 것으로 간주된 반면 (b)는 그저 부차적인 논거에 불과한 것으로 여겨졌기 때문이다. 쓸모없는 것은 어차피 있으나 없으나 상관없다. 쓸모없는 면이 있다고 모조리 싸잡아, 존재하지 않는 것이나 마찬가지로 취급하는 지나치게 성급한 태도는 간략하게라도 비판받아 마땅하지만, 우선은 이 반박 자체를 좀 더 자세히 들여다보자.

　앞에서 심리적 개념에 관한 논변은 일반 논변의 특수 사례라는 점을 지적했다. 일반 논변은 '빨강'처럼 단순한 비심리적 개념에 적용될 때 가장 절묘하게 맞아떨어진다. '빨강'은 사적인 것을 지칭하는 이름일 수 없다. 그 개념 구조는 공적 구조여서, 공적 상황의 진행에 맞춰 짜인다. 하나의 공적 구조를 짤 때 얼마만큼의 성공을 거둘 수 있느냐는 경험적인 질문이 될 것이다. 내적인 것이 설령 존재한다 해도, 그것은 알려질 수(데카르트) 없거나, 혹은 사용될 수(영국 경험론자) 없다. 빠져 있는 파랑 색조[13]를 고민

---

13) 흄은 외부 사물에 대한 인상(impressions)을 통해서만 관념(ideas)이 형성된다고 주장한다. 그런데 그 주장의 반례가 되는 것이 '빠져 있는 파랑 색조'다. 우리가 지금 파랑의 명도(明度)에 따라 점차 달라지는 밝기를 표시한 명도표를 보고 있다고 가정해보자. 그런데 그 명도표 중간에 아래와 같이 색깔 하나가 빠져 있다.

한 흄은 틀렸다. 인간이 그것을 머릿속에 그릴 수 있느냐의 여부 혹은 그럴 수 있다고 우리를 설득할 수 있느냐의 여부 때문이 아니다. 그 내적 그림이라는 것 자체가 필연적으로 타당할 수 없다는 점, 그리고 공적인 기술(技術)을 통해서만 그 개념을 소유할 수 있다는 점 때문이다. 중요한 것은 내가 신호등 앞에서 정지하느냐의 여부이지, 나의 색깔 심상(心象)의 존재 유무가 아니다. 나는 내 감각이 내게 보여주는 것을 나 스스로 습득한 공적 도식을 통해 확인한다. 그 외의 어떤 방법으로도 나는 이에 대한 **앎**을 얻을 수는 없다. 왜냐하면 앎에는 공적 시험을 통해 확보되는 엄격성이 필요하기 때문이다. 비트겐슈타인은 『탐구(Untersuchungen)』[14]에서 이 상황을 다음과 같이 요약한다—'"대상과 이름" 모델로 감각을 표현하는 문법을 구성한다면, 그 대상은 우리의 고찰과는 상관없는 것으로 떨어져 나갈 것이다.'[15]

이런 주장은 '빨강' 사례에 혹독한 압박을 가한다. 이보다 훨씬 더 모호한 내적 실체의 경우에 그 혹독함은 더욱 심할 것이다. 여기서 내적 실체는 '대상'이, 심리적 개념은 그 대상의 '이름'이 된다. 어쨌거나 사람들은 약간은 말이 안 되는 것 같은 방식으로 자기 자신에게 말할 것이다. 철학적으로 접근한다 해도, 빨강에 대한 나의 감각은 내가 사적으로 '획득'한 것처럼 보여. 이 분명하고 사소한 것조차 내 안에 사적 자료로 '보존'할 수 없

■■■?■■■

우리는 그 빠져 있는 색깔을 한 번도 본 적이 없다. 다시 말해서 우리는 이 색깔에 대한 인상을 얻을 기회가 없었던 것이다. 그럼에도 우리는 이 빠져 있는 색깔이 어떤 것일지 대충 짐작할 수 있다. 즉 이 색깔에 대한 관념을 가질 수 있는 것이다. 이처럼 인상 없는 관념이 존재할 수 있다면 흄의 인식론 전반은 심각한 타격을 입는다. 그래서 머독은 이를 '흄의 파랑 색조 고민'이라고 일컫는 것이다. 흄이 이런 반례는 그저 예외일 뿐이라며 이 문제를 가볍게 처리했기 때문에 후일 다양한 논쟁을 낳았다. 데이비드 흄, 『인간 본성에 관한 논고(Treatise of Human Nature)』, 1.1.1.10-11(Norton 편집본) 참조.

14) 비트겐슈타인의 대표적 후기 저작인 『철학적 탐구(Philosophische Untersuchungen)』(1953).

15) 『철학적 탐구』, 293절.

다면, '결정', '욕구' 같은 개념과 연결된 훨씬 더 희미한 내적 현상의 '보존'을 어떻게 기대할 수 있을까? 물론 '결정', '욕망' 등이 개념의 '외적인' 면에 의존한다는 생각은 분명 쉽게 받아들일 수 있어. 내적인 것은 너무나 애매모호하니까. 이제 이 문제를 명료화하고 심리적 개념에 미치는 발생론적 논변의 힘에 대해 설명하겠다.

이런 맥락에서 보면, 비트겐슈타인이 물질적 개념뿐 아니라 심리적 개념도 다루고 있음은 분명하다. 그러나 그 논변은 매우 함축적이다. 도덕적 혹은 심리학적 일반화를 시도하지 않는다. 그는 1인칭 주어를 가진 심리적 개념 동사로는 사적인 것을 보고(報告)할 수 없음을 관찰하는 데 그치는데, 왜냐하면 검토 과정이 전혀 없는 상황에서 누군가의 말이 옳다 그르다 하는 것은 말이 안 되기 때문이다.[16] 그렇다고 내적인 자료가 '소통 불가능한 것'이라거나 내적 자료의 '부재(不在)'로 인성(人性)에 뭔가 특별한 점이 더해진다고 주장하는 것도 아니다. 단지 '내적 대상'이라는 관념에 의미가 부속될 수는 없다고 말하고 있을 따름이다. '사적이면서도 명시적인 정의'는 존재하지 않는다. 사물이 어떻게 **보이는지**를 잘못 판단한 관념에는 의미가 부속될 수 없다는 비트겐슈타인의 주장이 옳은지 여부, 그리고 그 주장을 통해 인간 본성에 관한 합당한 결론이 도출될 수 있는지 여부는 나중에 판가름하겠다. 여기서는 (비트겐슈타인의 결론이 아니라) 지금까지 도출**되어온** 결론을 살펴보려 한다. 그리고 이런 논변의 발전된 형식을 햄프셔, 헤어,[17] 에이어, 라일을 비롯한 여타의 철학자들이 보여주는 다양한 변주(變

---

16) 1인칭 주어를 가진 심리적 개념 동사로 문장을 만들면 구조적으로 그 검토 과정이 존재할 수 없다. 예를 들어 'I love you'라는 문장에서 '내'가 너를 '사랑'하는지 아닌지를 확증할 수 있는 사람은 '나'밖에 없을 것이다. 따라서 검토 과정 성립 자체가 불가능하다.

17) Richard Mervyn Hare(1919~2002). 영국의 도덕철학자. 보편적 규정주의(universal prescriptivism)를

奏)와 함께 살펴보겠다.

앞서 언급했듯이, 내적 자료의 존재를 희미하다 못해 아예 존재하지 않을 만큼 무게감 없는 것으로 간주할수록, 위 논변은 더욱 강하게 우뚝 서는 듯하다. 순수 경험론적 고찰(위 (b)에서 경험론적 반박)은 특히 강력하다. 나는 다음과 같이 말한다. '글쎄, 결정을 하긴 해야지. 그래 까짓 것, 가는 거야!' 이 상황에 내성할 만한 것이 발생하리라고 기대하기는 어렵다. 그리고 설령 발생했다 해도 **그것 자체**를 결정이라 부를 수는 없다. 여기서 왜 발생론적 분석을 언급하는지 드러난다. 나는 어떻게 결정이라는 개념을 **습득**하는가? '나는 결정했어'라고 말하고 그렇게 행위하는 사람을 보는 것 말고 이 개념을 습득하는 다른 방법이 있는가? 이렇게 나는 이 문제의 핵심을 습득한다. 나는 행태주의적 개념에서 심리적인 개념으로 '나아가지' 않는다.('오해하기 쉽게끔' 심리적인 것과 내적인 것을 연결시키는 일상 언어는 물질적인 것과 외적인 것도 바로 연결시키기 때문에, 물질적 개념에 대한 발생론적 분석은 특별할 것이 없다.) 곰곰이 생각해보면 결정은 내성적인 운동이 될 수 없다. 결정 개념은 더 이상 내적 구조를 가지지 않는다. 그것 **자체가** 외적 구조이다. 더 분명한 예를 한번 들어보자. 질투와 분노를 어떻게 구별할 것인가? 그 구별이 두 종류의 사적 심리 자료를 분별하면서 이루어질 수 없다는 사실은 분명하다. 내가 어떻게 '분노'와 '질투'라는 관념을 **습득**하는지 생각해보자. 감정은 특정한 사적 대상이 아니라 외적 행위의 전형적 패턴이 드러나면서 확증된다. 여기서 주목해야 할 것은 이런 논증에 따르면 우리 자신의 심리 상태에 부여한 이름 자체가 잘못된 것일 수도 있다는 점이다.

주장했다. 대표작은 『도덕 언어(*The Language of Morals*)』, 『자유와 이성(*Freedom and Reason*)』, 『도덕 사유(*Moral Thinking*)』.

사람들이 반발하며 목소리를 높이는 시작하는 지점이 바로 여기가 아닌가 싶다. 사람들은 말한다. 내가 뭔가 빼앗긴 것 같은데? 결정은 했지만 아직 행위는 하지 않은 상태가 분명 존재하지 않아? **사적인** 결정이라는 게 분명히 존재하잖아? 내면의 공간이라는 궤도 속에는, 그런대로 쉽게 확증할 만한 수많은 대상이 분명 존재하잖아? 그 속에 위 논변이 함축하듯 고요한 암흑만 존재하는 건 아니지. 철학자들은 이런 반발에 담담히 대꾸한다. 물론 의미가 배속될 수는 있지 — 결정은 했으나 아직 실행하지는 않음. 이를테면, 그는 갈 것이라고 말했고, 우리는 그가 그럴 것이라고 믿을 만한 근거를 가지고 있는데, 갑자기 그의 머리 위에 벽돌이 떨어진 것 같은 상황이 그렇다. 즉 그가 행동하고 말하는 여러 다른 내용에 비추어 그가 간다는 생각을 하게 되었는데, 그는 가지 않은 것이다. 그러나 이 모든 것은 결정을 수행하는 경우만큼이나 공적이고 사적인 면은 거의 없다. 곰곰이 생각해보면, 우리 자신의 경우에나 타인의 경우에나, 그 외의 방법으로 실현되지 않은 결정 관념에 의미를 배속하기는 어렵다는 것을 반드시 인정해야 한다. '사적' 결정이라는 것이 과연 존재하는가? 나는 속으로 몇 개의 단어를 떠올렸다. 그렇다고 내가 정말 결정을 한 것인가? 이에 대한 대답을 얻기 위해 나는 사적인 속 알맹이가 아니라 내가 하는 말의 **맥락**을 검토한다.

그럼에도, 분명 우리가 확증할 수 있는 내성가능한 대상이 **존재하지** 않느냐는 말이 여전히 나올 것이다. 우리는 이미지를 **가진다**, 우리 자신에게 **말을 건다**, 등등. 발생론적 논변은 이런 것이 모두 허상이라고 말하는 것인가? 음, 그렇다면 이 질문에 대해서는 한번 살펴보자고 대답할 법도 하다. 누군가는 이런 자료를 희미함의 정도에 따라 시각적 이미지, 언어적 사고, 그리고 정확히 언어적이거나 시각적이지는 않지만 그럼에도 '실체'라

할 만한 그 밖의 이미지, 사고, 느낌 등으로 거칠게 나눌 수도 있을 것이다. 분명 타인에게 이런 것을 모두 보여줄 수는 없다. 물론 이런 것은 내가 어느 정도까지는 묘사할 수 있는 것으로, 나는 내 심상(心象)을 묘사할 수 있고 내 머릿속에서 '말해지는' 단어를 발화(發話)할 수도 있다. 나는 또한 나의 심적 상태를 은유적으로 묘사할 수도 있다.(라일은 『아리스토텔레스 협회 증보판』(1952)에서 사고의 '연대기'와 '역사'를 논한다.) 그러나 그게 결국 어떻다는 말인가? 반성 따윈 없이 그저 던지는 생각보다 더 모호하면서 더 드물게 나타나는 이런 자료를 두고, 내가 생각을 입 밖으로 내어놓았을 때 보고(報告)가 이루어지는 것, 즉 '자립적 대상'이라 주장할 수는 없다. 나의 기술(記述)은 일상적 공공 언어 안에서 이루어지고, 그 언어의 의미는 일상적인 공적 규칙에 종속되어 있다는 사실에 주목하라. 내적 언어는 외적 언어와 동일한 방식으로 '의미화'된다. 그리고 내가 내 심상을 단지 '알' 수 있는 이유는 내가 그 심상을 '포함한' 공적인 것들을 알고 있어서이다. 이렇듯 공적 개념은 분명 사적 대상 위에 군림(君臨)한다. 나 자신을 위해서라도 나는 그저 내가 가진 외부적 앎을 통해 내부를 '확증'할 수 있을 뿐이다. 그러나 그 기술(記述)의 정확도는 어떤 식으로도 확인할 수가 없기 때문에 비트겐슈타인은 '이런 의식(儀式)은 무엇을 위함인가?'라는 물음을 던진 것이다. 경험 심리학자 정도를 제외하면 어느 누가 **순수하게** 내적인 것에 대한 근거 없는 보고에 대해 관심을 갖겠는가? 그리고 심리학자들 자신도 이제 이런 내성을 바탕으로 한 '증거'에 대해 깊이 의심하게 될 것이다. **진정코** 내가 이러저러한 것에 대해 생각하고 있는지, 이러저러한 것을 결정하고 있는지, 분노, 질투, 혹은 즐거움을 느끼고 있는지 등등에 대해서는 대략적이고 불완전할 지라도 그 적절한 규정은 이제 오직 공적 맥락에서만 가능하게 될 것이다. 내성할 만한 것이 전혀 발생하지 않아도, 내가 그것을 할 것이라고 거짓 없이 말하고 그것을 한다면 내가 X를 하기로 결정했다는 사실은 참이 될 것이다. 마찬가지로 내성할 만한 것이 발생했어도, 외부적인 맥락이 너무 부족하다면 그것을 결정이라 부를 수는 없다. 비트겐슈타인의 말대로, '바퀴가 돌고 있다고 하더라도 그것이 자신 외의 아무것도 움직이게 할 수 없다면, 그 바퀴는 그 기계 장치에 속할 수 없다.'[18]

내 생각에 이 급진적 논변은 특정 영역에 관해서는 완벽하게 옳다. 그리고 분명 이 논변은 영국 경험론자들을 괴롭혔던 몇몇 문제를 명료하고 확실하게 해결한다. 오류 불가의 내적 시각이라는 그릇된 이미지를 붕괴시키면서 그 논변은 다른 문제들, 예를 들면 지각이나 보편자 관련 문제를 다룰 때 보다 나은 해결책을 제시할 수 있다. 이제 상식에 위배되던 흄과 버클리식 견해는 상당 부분 일소되었다. 그러나 앞서 말한 바와 같이 사람들은 비트겐슈타인을 스핑크스처럼 배후에 모셔두고는 도덕적, 심리학적 결론, 너무 나가버린 동시에 더 애매모호한 결론을 서둘러 끌어내려 조바심쳤다. 비트겐슈타인은 신칸트주의, 실존주의, 공리주의가 끼어 들어가려 조바심쳤던 바로 그 공허를 창조했다. 여타 분야에서 의심할 바 없는 성공을 거둔 덕에 콧대가 높아진 그 논변이 위에서 살펴본 인간상을 주장할 때, 아니 강제할 때 그것이 얼마나 그럴듯한지에 주목하라. '내적인 삶'은 어렴풋하다는 것, 거의 부재하는 것으로 봐야 한다는 것, 어떻게 해도 '그 기계 장치에 속할 수 없는 것'이라는 주장에 의해, 선을 한가로이 관조하는 태도는 **논리적으로** 불가능하다는 사실이 밝혀진다. 심리적 개념을 오직 발

---

18) 『철학적 탐구』, 272절.

생론적으로만 분석할 수 있다면, 도덕은 반드시 행위로 드러나야 한다. 여기에 해당하는 은유는 분명 바라봄이 아니라 움직임일 것이다. 도덕이 논리의 지원을 전적으로 받으면, 사적인 것은 혐오의 대상이 된다. 그리고 행위에 의한 구원[19]은 개념적 필연성을 획득한다. 나의 **행위**와 나의 **존재양식**은 내게 강제적으로 부과된 것이다. 사적이고 개인적인 것이 아니라 오직 공적 개념과 객관적 관찰자에 의해서만 확증될 수 있다는 의미에서 그렇다. 자기인식도 외부로 드러난 어떤 것일 뿐이다. 이성은 공적 이성이고 규칙은 공적 규칙이다. 이성과 규칙은 일종의 탈개인적 폭군을 표상하는 반면, 개인적 의지는 완전한 자유를 표상한다. 기계적 구조는 빈틈없이 돌아가야 한다. 그러나 선택의 순간 전까지 행위자는 그 구조 밖에 있다. 도덕은 행위가 일어나는 바로 그 지점에 자리를 틀고 있다. 내가 '객관적으로' 어떤 사람인지는 나 자신이 좌지우지할 수 있는 것이 아니다. 논리와 관찰자가 결정하는 것이다. '주관적으로' 나라는 존재는 제멋대로이고 고독하며 실체 없는 의지이다. 개인성은 이렇게 순수 의지라는 첨점(尖點)에 모아진다.

　이처럼 막강해진 논변에 대한 공격은 이제 결코 쉽지 않은 일이 되어버렸다. 공격을 **감행할지** 혹은 이 입장에 그냥 만족할지의 여부가 어쩌면 기질에 달려 있는 것이 아닌가 싶기도 하다. 어쨌거나 나는 만족할 수 없다. 그래서 조심스럽게 대안을 제시해보려 하는데, 그 전에 공교롭지만 비트겐슈타인의 경구(警句)에 다시 방점을 찍어본다 ― '이러이런 것을 철학적 사유에

---

19) 신의 은총에 의한 구원(salvation by grace of God)에 빗댄 표현. "은총에 의해, 믿음을 통해 구원받는 것이지, 네 자신에 의해서가 아니다. 구원은 신으로부터의 선물이지 네 행위에 의한 것이 아니므로 너는 그것을 자랑해서는 안 된다"(에베소서 2:8-9).

우리 자신이 빠져 있을 때, 말하지 않을 수 없다는 것, 즉 그것을 말하지 않고는 못 배기는 경향을 가진다는 것이 억지로 어떤 **가정**(assumption)을 하게 된다거나 어떤 사태에 대한 즉각적인 지각 혹은 지식을 가진다는 것을 의미하지는 않는다.'[20]

이제 펼쳐질 논의를 위해 유용한 예 하나를 우리 앞에 놓아볼까 한다 — 우리 모두 흔히 볼 수 있고 수시로 언급할 수 있는 그런 것. 갖가지 종류의 예가 있을 수 있겠지만, 가장 먼저 내 마음을 끌었던 것은 **의식**(儀式)이다. 이를테면 내적 동의가 실제 행위처럼 현상하는 장(場)인 종교적 의식 같은 것 말이다. 의식 — 내적 사태를 일으키면서 또한 그것을 확증하는 외적인 틀. '나는 약속한다'라는 말을 입 밖에 냄으로써 나는 약속을 한다고 주장할 수 있다 — 수행적 발화. 그러나 종교적 맥락에서, '나는 회개한다'라는 말을 진심으로 입 밖에 낸다고 해서 나의 회개가 이루어지는가? 적절한 상황에 단순히 '나는 진심으로 미안하다'라는 말을 함으로써 나는 '진심으로 미안'한가? 나의 삶을 바로잡으려 할 때에도 나는 그런 식으로 하는가? 이 문제는 명료하지 않은, 사실 난해한 것이지만 한편으로는 흥미롭다. 그러나 나는 종교의 예를 취하지는 않겠다. 이런 예는 또 다른 특수한 어려움을 야기할 수 있다는 인상을 주기 때문이다. 그래서 좀 더 통상적이고 일상적인 예를 취하려 한다. 다음이 그 예이다.

여기 한 엄마가 있다(그 엄마를 M이라 부르자). 그 엄마는 며느리에게 적개심을 품고 있다(그 며느리를 D라 부르자). M은 D가 근본이 착하다는 것은 알지만 저속함까지는 아니더라도 확실히 거친 면이 있어 점잖음과 세련됨이

20) 『철학적 탐구』, 299절.

부족하다고 생각한다. D는 제멋대로이고 스스럼이 없으며 격식이 부족하고 무뚝뚝하기도 하다. 종종 매우 버르장머리 없이 굴기도 하고 미성숙한 행동으로 항상 피곤하게 한다. D의 말투나 옷 입는 스타일은 M에게 영 마뜩잖다. M은 아들이 격에 맞지 않은 결혼을 했다고 느낀다. 지금 제시하는 사례의 목적에 맞추기 위해 그 엄마는 매우 '된' 사람이어서 며느리에게 전적으로 친절하게 대하고 어떤 경우에도 자신의 진심을 드러내지 않는다고 가정해보자. 이 젊은 부부가 이민을 갔거나 D가 세상을 떠났다고 가정하면 이 예의 특징이 더 잘 드러날 수도 있다 ― 해당 상황이 무엇이든 이는 전적으로 M의 마음속에서만 **일어난** 사건이라는 데에 확실하게 초점 맞추기.

처음에는 D에 대한 M의 생각이 이와 같았다. 시간이 흘렀다. (그다지 논리적이지 않은 단어를 사용해도 괜찮다면) 상투성에 사로잡힌 M의 마음에 의해 D에 대한 강한 불만과 고정된 인상은 그대로 굳어질 수도 있을 것이다 ― 내 불쌍한 아들 녀석은 어리석고 천박한 계집애와 결혼하고 말았어. 그러나 이 예시 속의 M은 지적이고 선의를 가진 사람, 즉 자기를 비판할 수 있는 능력 그리고 자신 앞의 대상에 배려심을 동반한 공정한 관심(關心)[21]을 쏟을 수

---

21) 여기에 처음으로 머독 철학의 핵심 개념 중 하나인 '관심(attention)'이 등장한다. 이 개념은 머독이 시몬 베유의 'l'attention' 개념을 받아들여 발전시킨 것으로 번역어를 찾는 과정에서 역자를 가장 곤혹스럽게 한 용어이기도 하다. 기본적으로 'attention'은 주의(注意), 관심(關心), 주시(注視) 등으로 번역하지만, 이들 단어 모두 머독의 의중을 정확히 반영하기엔 부족함이 있다. 여기서 머독이 'attention'이라는 개념을 통해 표현하고자 하는 바는 '의식의 방향이 나 자신에서 타자(他者)로 향하면서 몰두하는, 동시에 그 몰두가 조심스럽게 타자의 소리를 경청하며 그 대상을 아끼는 마음을 동반한 심적 상태' 정도로 요약할 수 있다. 그런데 주의라는 번역은 타자 중심적이기는 하지만 반드시 긍정적 의미의 타자를 전제하지는 않는다는 문제가 있다. 예를 들어 '넘어지지 않게 주의해' 등의 용례가 그것이다. 그리고 이 점은 '주시'도 마찬가지이다. 그래서 채택한 것이 '관심'인데, 이 용어가 지니는 문제점은 '주의'보다 좀 더 자아 중심적인 뉘앙스가 있다는 것 그리고 예를 들어 '나는 야구에 관심이 있다'처럼 자칫 원의(原意)에 비해 진지함이 덜한 '흥미(interest)'를 표현하기도 한다는 것이다. 그럼에도 'attention'의 번역어로 '관심'을 채택한 이유는 첫째로 '주의'보다는 확실히 타자에 대한 애정이 좀 더 잘 드러난다는 점, 둘째로 한자어 '관심(關心)'이 나의 마음과 타자 사이에 서로 연결된 길(원래 한자어 '關'은 파수대와 본대 사이에 나 있는 비밀통로를 의미한다)이 있음을 의미하고 따라서 'attention'의 자아와 타자의 연결이라는 이미지가 잘 드러난다는 점 때문이다. 이후 등장하는 'attention'을 하나의 개념으로 취급하여 모두 '관심'으로 번역했기 때문에 때로는 문장이 조금 어색할 수도 있다는 점을 독자들께 미리 알린다. 덧붙여 '관심'이 가지는 번역어의 한계를

있는 능력을 지닌 사람이다. M은 자기 자신에게 말한다 — '나는 구식이고 통속적이야. 아마 편견에 사로잡힌 속 좁은 사람일지도 몰라. 어쩌면 속물일지도. 그리고 분명히 내게는 질투하는 마음이 있어. D를 다시 잘 한번 살펴보자.' 여기서 나는 M이 점차 D를 보는 안목을 바꿀 때까지 D를 관찰하거나 적어도 D에 관해 세심하게 숙고해보았다고 가정한다. 만약 지금 D가 이민을 떠났거나 죽은 상황이라면, 이 변화는 분명 D의 행태와는 상관없이 오로지 M의 마음에서만 비롯된 것이다. 이제 D는 이런 모습이다 — 천박한 여자가 아니라 시원시원한, 점잖지 못한 것이 아니라 자연스러운, 시끄러운 것이 아니라 쾌활한, 성가시리만큼 유치한 것이 아니라 유쾌하게 천진한 등등. 그러나 앞의 가정에 따라 오로지 M의 외적 행태만을 놓고 보면, 애초부터 흠잡을 데 없었던 것으로 기실 변한 것은 없다.

나는 위에서 M의 [능동적] 활동을 두고 호의적 가치 판단을 함축하는 '공정한', '지적인' 등의 단어를 사용했다 — 실은 M의 시각 변화의 긍정적 요소를 부각하고자 하는 취지로 이런 예를 떠올린 것이다. 물론 실생활에서는 M의 행위가 적절했는지 여부를 판단하기가 매우 어려울 수 있다는 점, 그리고 이에 대한 다양한 의견이 있을 수 있다는 점을 간과해서는 안 된다. 아마도 M은 다양한 동인(動因)에 의해 마음이 움직였을 것이다 — 정의감, D를 의도적으로 사랑하고자 하는 마음, 아들에 대한 사랑, 아니면 단순히 그 아들을 불운하거나 실수한 사람으로 취급하는 것이 마음에 걸려서. '그녀는 자신을 속이고 있어'라고 말하는 사람도 있을 것이고, 반면 그녀가 사랑 혹은 정의심에 마음이 움직였다고 말하는 사람도 있을 것이다. 여기서 나는 후자에

조금이라도 메우고자 경우에 따라 '관심 쏟음', 동사로 쓰일 때는 '관심 쏟다'로 번역하기도 했다.

들어맞는 경우를 묘사하고 있다.

물론 위 예시에서 **벌어진** 상황을 다른 방식으로 기술할 수도 있다. 내가 선택한 기술 방식은 단순히 일련의 규범적 형용사를 교체한 것이었다. 다른 방식의 기술도 가능한데, 이를테면 M의 시각적 심상을 따라가거나 단순 또는 복잡한 은유를 사용하는 것이 그것이다. 그러나 기술할 '그것'이 정확하게 무엇인지 지금 잘 생각해보자. 여기에 별다른 난점이 보이지는 않는다는 주장도 있을 수 있다. 도덕적 판단을 위해 우리는 다양한 방식으로 '활동'이라는 개념을 정의할 수 있다. 지금의 사례에 해당하는 한 가지 방식은 M이 D를 잘 대하겠다고 결심했고, 실제로 그렇게 했다고 말하는 것이다. 그러면 M의 사적인 생각은 그다지 중요하지 않고 도덕과도 별 상관이 없는 것이 되어버린다. 그럼에도 공공연히 드러난 그녀의 행태 이상의 것을 M의 도덕적 활동 목록에 포함하려 한다면 사람들은 이에 대해 추가적인 물음을 던질 것이다 — 어떤 의미에서 '도덕적'이고 어떤 의미에서 '행위'인가? M의 숙고가 **다른** 외적 행위를 위한 전주곡이라면 그 숙고는 행위의 '그림자'로서 행위에 '속하게' 되고 행위로부터 확증과 중요성을 부여받게 될 수도 있다 — 물론 내적인 면을 변별한 후 그것을 외적인 면의 조건이 되도록 양자를 연결시킬 때 따르는 어려움을 여전히 간과해서는 안 되겠지만. 그러면 지금의 사례에 대해서는 우리가 할 수 있는 말이 무엇일까?

햄프셔는 말한다. '사고는 백일몽이나 묵상과는 다르다. 행위에서든 판단에서든 결말짓지 못한 것은 사고라 할 수 없다. (…) 내적 독백으로서의 사고라는 관념은 (…) 외적 세계의 문제로 향한다는 방향설정조차 없다면 모두 텅 빈 것이 되어버릴 것이다. (…) 이런 조건하에서라면 사고와 믿음은 미혹되고 습관화된 빈말의 나열이나 머릿속에서만 맴도는 실체 없는 관념의 표류와 다르지 않을 것이다.' 이 지점에서 떠올릴 수 있을 법한 신(神)의 눈이라는 관념은 여기서는 논외로 하자. 이런 형이상학적 목격자에 기대어 M의 심리적 사건이 가진 실재성과 중요성을 확보하지 않는다는 조건하에서도, 우리는 아무것도 아닌 것으로 치부되어 기껏해야 그저 백일몽 정도로 기술할 수밖에 없는 운명으로부터 그 사건을 구원하길 원하는가? 만약 그렇다면 어떻게 구원할 수 있을까?

물론 다음과 같은 **가설적** 위상을 M의 내적 삶에 부여할 수는 있을 듯싶다. 'D에 대한 M의 안목이 바뀌었다는 건 D에 대해 M이 자신의 마음에 대고 지금 말하는 것과 3년 전에 말했음직한 것과는 다르다는 걸 **의미해**'라고. 이런 분석으로 몇몇 난점은 피해갈 수 있겠지만 현상학이 그렇듯 또 다른 난관에 부딪힌다. 이런 가설적 명제가 참이라 해도 이 명제는 M의 마음속에서는 그동안 아무 일도 일어나지 않았다는 주장과 모순 없이 양립할 수 있다. 그리고 내성가능한 자료가 전혀 개입되지 않은 채 새로운 견해를 간단히 밝히는 형식으로 마음의 변화를 제시하는 경우도 흔하다. 그러나 앞선 가정에 따르면, 마음속에서 일어난 것 중에 미미한 정도인지는 몰라도 내성가능한 것이 최소한 존재할 수는 있지만, 문제가 되는 것은 그 내성가능한 것의 위상이다. 하여튼 우리가 말이 되도록 하려 애쓰는 생각은 그동안 그녀는 **능동적**이었고 무언가 **하고** 있었다는 것, 그것도 우리가 기꺼워할 만한, 그 자체로 어느 정도 가치가 있는 일을 하고 있었다는 것이다. 그동안 M은 도덕적으로 능동적이었다 — 이것이 우리가 하고자 하는 말이고, 철학적 인가(認可)를 얻으려는 명제다.

내가 실존-행태주의라 명명한 견해의 옹호자는 이쯤에서 이렇게 주장할 것이다. 좋다. M은 내성가능한 자료를 갖지 않을 수도, 가질 수도 있다. 갖지 않을 경우, M의 행위가 변한 것은 아니므로 '그녀의 마음이 변했다'는 말은 누구도 참임을 알 수 없는 가설적 명제는 참이라는[22] 정도의 의미만 있을 뿐이다. M이 내성가능한 자료를 가지고 있다면 어떻게 되는지 한번 살펴보자. M은 D에게 어떤 말을 건네는 상황을 상상할 수도 있고, 마음속으로 중얼거리며 D를 묘사할 수도 있으며, D의 시각적 심상을 찬찬히 떠올려볼 수도 있다. 그러나 그녀 마음속에서 일어나는 이런 일들이 도대체 어떤 역할을 하는가? '미혹되고 습관화된 빈말의 나열'이 아닌 진지한 판단으로 간주할 만한 것이 여기 존재하기나 하는가? 면밀히 검토해 보면 M의 내성가능체는 애매모호해서 묘사하기 어려운 것으로 판명될 것이다. 우리가 (기껏) 상상할 수 있는 것은 M이 그녀 자신에게만은 명료하게 진술한다는 정도인데, 이런 진술이 확증되어 의미를 확보하려면 공적 세계가 기능해야 한다. 진정한 '발화'는 오직 그녀가 앵무새 같은 상태를 벗어나 외적 맥락의 논리적 인가(認可)를 얻어야만 가능하다.

부차적일지 모르지만, 또 다른 논점이 만들어질 수도 있다. 내적 생각의 정체성은 생각 속에서 사용되는 기호 체계의 공적인 의미를 통해 정립되는 것이라는 주장이 그것이다(에이어 (Ayer)[23]의 『생각과 의미(Thinking and Meaning)』를 보라). 그에 따르면 '형용할 수 없는 경험' 따위 주장은 당치 않다. 또 최근 들어 철학자들은 '그림자' 견해를 강조하는 경향을 보이는데, 이는 기호 체계를 통해 이루어지는 보편적 의미의 사고가 아닌, 맥락에 따

---

22) p가 거짓이면, q의 참/거짓 여부와 상관없이 p→q는 참이라는 논리.

23) Alfred Jules Ayer(1910-89). 영국 철학자로 비엔나 서클로 대변되는 논리실증주의(logical positivism)에 큰 영향을 받았다. 논리실증주의의 기본 주장은 모든 의미 있는 명제는 참 혹은 거짓으로 판명될 수 있는 것, 즉 분석적이거나 혹은 경험적으로 실증되는 것이어야 한다는 것이다. 대표작은 『언어, 진리, 그리고 논리(Language, Truth and Logic)』(1936).

라 이루어지는 개별적 의미의 사고를 고려하는 것이다. 내 생각에 두 논점
은 별개로 다룰 만한 가치가 있다. 둘 모두 논리적 규칙이라는 네트워크 바
깥에서 논리가 행사하는 폭정을 무릅쓰고 자유로운 결정을 행하는 '자아'
혹은 '의지'를 묘사한 두 개의 상호 보완적인 그림을 그려보지만 결국엔
탈개인적 복합 구조에 다음과 같이 걸려들고 만다. 나는 무슨 말을 할지 결
정할 수 있지만, 그 말의 의미를 결정할 수는 없다. 나는 무엇을 할지 결정
할 수 있지만, 그 행위의 의의(意義)를 마음대로 결정할 수는 없다.

사적으로든 공적으로든 '나는 결정했어'라고 말하고는 아무것도 하지
않고 그저 주변 환경에 휩쓸린다면 (실존-행태주의 주장은 계속된다) 그는 아직
아무것도 결정하지 않은 사람이다. 공적 행위에 선행하는 사적 결정은 행
위의 '그림자'로 간주할 수 있고, 이때 그 '결정'이라는 호칭은 '결정'이라
고 부를 만한 복합 구조의 꼭 들어맞는 일부가 되면서 얻게되는 것이다 ―
물론 여기에서도 '결정'이라는 용어가 만약 내적인 부분에만 적용된다면 내적 부
분의 본성이나 현존 그리고 내-외부 사이의 연결을 확인하기가 불가능하므로 이
는 그저 의례적인 호칭 정도가 될 수밖에 없겠지만. 바로 이것이 우리가 별 생
각 없이 쉽게 '사적 결정' 혹은 '내적 행위'라고 부르는 상황, 다시 말해 외
적 구조가 드러난 곳에서 내적인 부분도 우리가 원한다면 마음에 그려볼
수 있는, 어쩌면 그저 자연스럽게 그려보는 상황이다. 그러나 M의 경우에
는 앞서 말한 내적 변화에 상응하는 외적 구조에 변화가 전혀 없고 내면을
그림자로 삼을 만한 외적 사건의 전개가 존재하지 않는다는 점에서 활동
이라는 관념이 어떤 의미를 띠고 끼어들 수 있을지 의심스럽다. M의 내적
과정에 정언적 의미를 부여하려 해봐야 결국 위에서 말한 가언적 의미로
뒷걸음칠 수밖에 없다. 그리고 심지어 M 자신도 그 가언적 명제가 참인지

아닌지 알 수 없다. 나아가 M의 마음속에서 아무 일도 일어나지 않는다 해도 그 명제는 참일 수 있다. 결국 M이 **내적으로** 능동적이었다는 생각은 공허하다는 사실이 밝혀진다. 존재하는 것은 오로지 외적 활동밖에 없으므로 도덕적 활동은 반드시 외적이어야 한다. 실제로 우리가 내적 활동이라고 부르는 것은 이것이 마음속 그림자로 다시 투영된 것에 불과하다. 그러고는 다음과 같은 말을 상쾌하게 덧붙일 수 있을 것이다. 웬 걱정? 칸트 선생이 우리에게 행위상 의무로 주어진 이웃에 대한 사랑도 실천적 의미에서 그러라는 거지 병리학적 의미에서 그러는 건 아니잖아.

말하지 않고는 도저히 못 배길 만한 것을 목전에 두고 입을 다물라는 강한 압박을 받을 때가 바로 이 때로, 철학을 하면서 주체할 수 없이 화가 나는 순간 중 하나다. 물론 비트겐슈타인의 지적대로, 어떤 것을 말하지 않고는 도저히 못 배긴다고 해서 애초에 발생해야 할 일 이외의 일이 반드시 발생한다고 할 수는 없겠지만 말이다.[24] 여기서 조심스럽게 **발걸음**을 옮겨보자. 여태까지의 분석에 거부 반응이 일어나는 와중에도 내가 절대로 지지하고 싶지는 **않은** 생각 하나가 있는데 그것은 우리의 심리 상태에 대해 우리가 오류 없는 혹은 우월한 지식을 갖추고 있다는 주장이다. 우리는 스스로 생각하고 느끼는 것을 얼마든지 잘못 파악할 수 있다 — 이는 논쟁거리조차 되지 않는 엄연한 사실로, 이런 사실과 산뜻하게 조화를 이룬다는 점에서 실제로 행태주의적 분석은 강점이 있다. 그리고 여기서는 다른 어떤 것, 즉 특권적인

---

24) 비트겐슈타인, 『논리 철학 논고(*Tractatus Logico-Philosophicus*)』, "세계는 일어나는 일들의 총체이다."와 1.21. "각개(各個)의 일은 일어나거나 일어나지 않고, 그 외의 모든 것은 동일하게 남아 있다."의 인용. 『논고』의 이 구절에서 비트겐슈타인이 주장하고자 하는 바는 세계는 사실들(facts)로 나뉘어 있고, 그 각각의 사실은 구체적 사례에서 드러날 수도 있고 아닐 수도 있다는 것, 그리고 그 사례에서 드러남과는 상관없이 나머지 사실들은 굳건히 자리를 지키고 있다는 것이다. 여기서는 어떤 것을 말하지 않고는 못 배긴다 해도, 사실 세계가 달라질 것은 없다는 의미로 새기면 될 듯하다.

것으로 취급되는 활동과는 사뭇 다른 의미가 있는 **활동**이 관건이 된다.

이제 위 분석에 맞서 거칠고 일상적인 방식으로 별다른 타당성 증명 없이 내 나름대로 M의 예를 다루어보겠다 — 내 견해는 위 분석과 그 궤를 달리하므로 내 견해가 옳다면 그 분석은 틀린 것이 될 것이다. 위 분석은 다음과 같다. M은 '외부에서 내부로 들어오는' 식의 정의에 의해 묘사된다 — M이 독자적 개체가 될 수 있는 까닭은 그녀가 의지를 갖고 있어서, 그 개체성은 그녀의 '움직임'을 통해 이해된다. M을 끊임없이 능동적인, 그래서 점진적으로 발전하는 존재로 보거나, M의 내적 행위를 그녀에게 속한 것으로, 즉 하나의 지속적인 존재의 조직(a continuouse fabric of being)을 형성하는 일부분으로 보는 방식은 위 분석에 따르면 어불성설이다 — 사실 이 분석은 '존재의 조직' 같은 은유를 콕 집어 비판한다. 그러나 여기서 그런 은유 없이 문제를 다룰 수 있는가? 나아가 안목이라는 은유는 철학적 편견 없이 이 상황을 묘사하려는 누구에게나 거의 불가항력으로 떠오를 수밖에 없지 않은가? 이는 그야말로 자연스러운 은유이지 않은가? M은 D를 **바라보고**, 그녀에게 관심을 쏟으며, 자신의 관심에 집중한다. M은 내적 갈등에 휩싸인다. 그녀는 문득 상상 속에서 그린 D의 캐리커처를 즐기고 싶어질 수도 있다.(이와 다른 그림에서 **갈등**이라는 관념에 걸맞은 자리를 찾기는 묘하게도 어렵다.) 여기 M의 활동은 아주 이상하거나 모호하기는커녕 우리에게 매우 친숙한 어떤 것이다. 실제로 수많은 소설에서 갈등과 관련된 이런 이야기를 찾아볼 수 있다. 그리고 누구나 전혀 어렵지 않게 이런 갈등을 말로 기술할 수 있다. 이처럼 여러 가지 방식으로 이 활동을 기술할 수 있지만 그중에서도 특화된 규범적 어휘, 즉 '선'과 같은 1차적이고 일반적인 어휘에 대비되는 '2차 도덕 어휘'라고 일컬을 만한 어휘의 사용은 매우 자연스러운 방식이다. 이를테면 M은 D를 '나대는' 사람으로 보기를 그만두고, '쾌활한' 사람으로 본다고 할 때의 '나대는', '쾌활한' 등의 어휘를 사용하는 것이다. 이 2차 어휘의 중요성에 관해서는 나중에 따로 언급할 것이다. 한 걸음 더 나아가 이런 식으로 말하지 않고는 못 배기는 사람도 있을 수 있다 ─ M의 활동은 고유하게 **그녀 자신**의 것이다. 그 활동의 세목은 바로 **그녀가 갖춘** 성품의 세목이다. 부분적으로라도 이런 근거에 기대면 오로지 사적으로만 수행될 수 있는 활동이 존재할 가능성이 열린다. M은 타인과의 대화를 통해서는 **이런** 것을 **할** 수 없다. 햄프셔는 '실재라고 분명하게 간주할 수 있는 모든 것은 반드시 여러 관찰자에게 열려 있어야 한다'고 말한다. 그러나 개체성의 실현이 불특정 관찰자를 통해서만 가능하다는 이런 유사-과학적 생각이 과연 이 경우에 적용될 수 있을까? 이 경우에 활동은 존재하지만 관찰자는 존재하지 않는다. 여기에 잠재적 관찰자라는 관념을 끌어들인다 해도 여전히 그들의 **능력**이 문제시된다. M의 활동을 기술하기 어려운 것은 그 활동이 애매모호해서가 아니다. **바로 그 활동이 도덕적이기 때문이다.** 이제 우리는 난점의 핵심에 점점 다가가고 있다. 자세한 설명은 아래에서 바로 이어질 것이다.

앞선 가정에 따르면, M은 그저 D를 정확하게 보려 노력하는 데 그치지 않고 공정하게 혹은 애정 어린 시선으로 바라보려고 노력한다. 이 장면이 곧바로 제시하는, 지금까지와는 사뭇 다른 자유 이미지에 주목하자. 자유는 탈개인적이고 논리적인 복합체 안팎에서 고립적 의지가 갑자기 솟구치는 그런 것이 아니다. 자유는 특정 대상을 명료하게 보려는 점진적 노력과 함수 관계에 있다. 여기서 M의 활동은 본질적으로 점진적인 것, 무한히 완전함에 가까워지려 하는 것이다. 오류 불가 같은 주장과는 거리가 먼

이 새로운 그림은 오류 가능성이 필연적으로 존재할 수밖에 없다는 생각을 바탕으로 그려지는 것이다. 이렇게 M은 끝나지 않을 고된 과업을 짊어지게 되었다. M을 형용하면서 '사랑', '공정' 같은 어휘를 사용하기 시작한 순간, 우리는 그녀의 상황을 묘사한 개념적 그림 전체에 '점진성'이라는 관념을 도입하게 된다. 그리고 이것이 다름 아닌 완전성 관념이다 — 이 관념이 우리 앞에 모습을 드러내는 순간, 발생론적 분석과는 그 궤를 달리하는, 심리적 개념에 대한 새로운 분석이 요청된다.

나는 이제 다음과 같은 생각을 하지 않을 수 없다. 마음에 관한 실존-행태주의적 해석에 맞서 끊임없이 특정한 내적 사건을 확증하려 조바심낼 필요도, 의심할 바 없이 객관적이기는 하지만 동시에 사소하기도 한 이런저런 것을 찾아서 M을 '능동적' 존재로 보존하려 애쓸 필요도 없다. '보고가 없다'고 해서 반드시 '활동이 없는' 것은 아니다. 이 문제를 정교하게 다듬는 데 정작 필요한 것은 그 초점을 바꾸는 것, 공격 방향을 다른 전선으로 옮기는 것이다. 여기서, 겉으로는 분명 그럴듯해 보이는 관찰자와 규칙을 축으로 한 확증 관념을 잠깐 살펴보자. 이 관념은 심리적 개념의 발생론적 분석에 물꼬를 트는 역할을 한다. 여러 사람이 '이것은 빨강'이라는 기술에 동의하면 그것은 정말로 빨강이 된다. 아니 그것이야말로 진정한 빨강의 의미이다. 그는 진정 결정을 내렸다. 그가 대체로 '결정'이라는 개념에 걸맞은 규칙을 준수했다고 사람들이 동의한다면 말이다. 결정은 이 규칙을 준수하는 것을 의미하며, 행위자가 그것이 결정인지 아닌지를 판정할 수 있는 유일한 존재는 아니다. 행위는 '공적 세계 속 사물을 이리저리 움직이는 것'을 의미하고, 객관적 관찰자는 이 움직임이 **어떤 것**인지를 현실적으로든 잠재적으로든 곧바로 결정한다.

앞서 말한 대로 비트겐슈타인은 도덕적 개념에 확증 관념을 적용한 적이 없다. 그리고 도덕 영역에 한해서라면 확증 관념과 심리적 개념과의 관계에 관해서도 논한 적이 없다.(심리적 개념이 도덕 영역에 포함된다는 것이 바로 내 논증의 핵심이다.) 그렇다고 이 관념에 한계를 설정한 것도 아니다. 나는 우선 그 한계부터 설정해보고자 한다. 확증 관념이 이렇게 남용된 데에는 흄이 홀홀 털고 떠나버린 지점에서 다시 시작된 무비판적 과학 이해가 한몫하지 않았나 싶다.

흄이 그린 것은 잡다한 원자로 이루어진 집합체, 즉 단단하고 작은, 의심할 수 없이 명백한 감각자료 혹은 현상이다. 그리고 그것들의 '연속적인' 배열이 이른바 물질세계를 구축한다. 근대 철학의 코페르니쿠스적 혁명('너는 "현상"에 대한 "지식"을 가질 수 없다')은 안에서 밖으로 향하는 확실성 관념을 제거한다 — 이제 공적 규칙이 확실성을 결정한다. '현상에 대한 그릇된 인식'에 어쩌다 의미를 부여하는 것까지 거부할 필요는 없지 않으냐는 문제는 여전히 논쟁거리가 될 수 있다. 이와 관련해서 논의할 만한 것이 있다는 것은 분명하지만 그렇다고 그런 논의 중에 근본까지 완전히 흔든 것이 등장한 적은 없다. 그 논의는 '혁명'이라는 단어에 그대로 갇혀 있다. 그 혁명의 중요성에 대해서는 논쟁의 여지가 없지만, 실제로 그 혁명은 흄의 철학이 다른 얼굴을 하고 그대로 이어진 것이었다.(예를 들어 J. L. 오스틴의 작업은 감각-인상 관념이라는 마귀를 물리치는 상세하고 탁월한 푸닥거리이다. 그러나 탈개인적인 원자-세계(atom-world)라는 흄과 러셀의 낡은 관념을 탈개인적인 언어-세계(language-world)로 대체하면서, 일정 정도 그는 흄과 러셀의 생각을 '보존'하기도 한다.) 여전히 철학자가 형용하려는 것, 아니 정당화하려는 것은 탈개인적 사실 세계라는 관념이다 — 그로부터 의지가 고립이라는 자리로 뛰어오르는 공고하고 객관적인 세계. 사실을 정의 내리고 구성하려는 시도는 여기저기에서 제거되었지만 '사실'이라는 근본 관념은 상당 부분 그대로 남겨져 있다. 이때 과학은 논리(탈개인적 규칙)의 명령에 의해 철학에 본보기가 되라는 책무를 부여받는다.

이 본보기는 도덕과 매개된 인간 혹은 개인을 이해할 때 난점이 있다. 우리에게 매우 친숙한 '현상'과 '실재'라는 어휘는 고전 영국 경험론자의 것이든 현대 경험론의 것이든 인간 개인에 적용하면 대체로 무디고 거칠어진다. 이를 테면 다음과 같은 사람의 경우를 가정해보자. 그는 그가 받은 '느낌'이 후회인지 아닌지를 사적으로 규정하려고 한다. 물론 이런 탐구는 몇몇 공적 규칙의 지배를 받을 수밖에 없다. 그렇지 않으면, **이런** 탐구라 할 수 없을 것이다 — 이것이 이런 탐구인지 그 자체를 묻는 의심이나 논쟁도 있을 수 있다. 그 문제는 일단 차치하고 여기서 꼭 짚어보고 싶은 것은, 위와 같은 활동은 '탈개인적인 언어-세계'의 **점령**이 거의 문제시되지 않는 극도로 개인적인 것일 수밖에 없다는 사실이다 — 혹은 나아가 그것은 그런 탈개인적인 세계의 현존 자체에 의문을 품게 하는 활동이다. 여기서 각 개인은 개념을 자신만의 것으로 특화해서 **사용**한다. 물론 처음에는 외부에서 개념을 취하지만 이내 이를 자신의 사적 영역으로 들여온다. 그리고 이런 종류의 개념은 자신이 이처럼 사용되는 것을 용인한다. 그리고 부분적으로는 사용자의 **역사**가 기능하면서 그 개념의 사용 방식이 결정된다. 두 명의 근대 철학 수호신, 흄과 칸트는 각기 다른 방식으로 역사를 혐오했다. 그리고 역사 함축적 사밀성(私密性)이라는 특유의 관념을 혐오했다. 덧붙이자면, 논리를 그리고 과학을 특정 방식으로 이해하는 일단의 철학 역시 역사를 혐오한다.

그러나 '역사를 매개한 개인'이라는 관념을 '받아들'이면 많은 것이 다른 방식으로 다루어질 수 있다. 예를 들어 '객관적 실재'라는 관념을 살펴보자. 이 관념을 '과학이 묘사한 세계'와 관련해서 이해하지 않고 점진적으로 발전하는 한 개인의 삶과 관련하여 이해한다면, 이 관념은 상당한 정도로 수정될 수밖에 없다. 능동적 '재평가'와 '재정의'는 살아 숨쉬는 개인성의 주 특성이 될 것이고, 이를 통해 개인의 개별 역사와 함수 관계가 있는 검토 과정이 빈번히 제시되고 요청될 것이다. 개인에게 후회라는 감정은 그의 생애 속 상이한 시점에 따라 상이한 의미를 띨 수 있다. 이 후회 감정은 한 생애의 일부로 드러날 때 그 의미가 온전해지며, 이는 맥락에 대한 고려 없이 결코 이해될 수 없는 것이다.

물론 개인의 역사 자체를 특화해서 다루는 '과학'도 존재한다 ― 정신분석. 그리고 어떤 대가를 치르더라도 '객관'에 대한 과학적 이해와 절연하지 않겠다는 결의를 다지면서 햄프셔 교수가 최종적으로 호소하는 곳도 다름 아닌 정신분석이다 ― 그는 역사적 개인이라는 관념을 매우 적절하게 받아들이지만 정신분석을 이용해서 그 개인을 옴짝달싹 못 하게 묶어놓으려 한다. 햄프셔는 이상적 분석이라는 관념을 빌려 개인의 검토 과정에 탈개인적 배경을 삽입한다. 이상적 분석자는 '저 먼 곳'이라고 할 만한 곳에 자리 잡은, 즉 신의 눈 역할을 하는 궁극의 능력을 갖춘 관찰자로 묘사된다. 햄프셔는 '모든 개별적 사례를 끝없이 분석함으로써 그 경향과 행태를 완전하게 설명하는 데까지 접근'하는 것은 실제적으로 불가능하지만 이론적으로는 가능하다고 본다. 그런데 도대체 왜 이런 불특정 정신분석자들의 주장이 모든 것의 잣대가 되어야 할까? 정신분석은 온갖 것이 뒤섞인 미발달 과학이고, 설령 그렇지 않다 하더라도 정신분석 개념을 근본적인 것으로 취급하게 할 만한 어떤 논증도 내가 아는 한 존재하지 않는다. '이상적 분석'이라는 관념은 그릇된 것이다. 그런 이상에까지 오르도록 연결된 사다리는 현존하지 않는다. 이는 **도덕적** 문제이다. 그리고 여기서 절실한 것은 도덕이, 그리고 인간 본성에 대한 연구로서의 철학이 과학의 지배로부터 해방되는 것이다 — 더 정확히 말하면 철학자를 비롯해 여타의 사상가들에게 달라붙어 있는 과학에 대한 부정확한 관념의 지배에서 해방되는 것이다. 과학과 철학이 충분할 만큼 분명히 구분된 것은 아주 최근의 일이다. 이전에는 이 문제가 그리 두드러지지 않았다. 과거에는 철학이 과학의 역할도 했고, 그럴 수 있었던 것은 일부분 그 자신이 스스로를 과학이라고 생각했기 때문이다.

대륙 철학, 영미 철학을 막론하고 실존주의라면 과학에 제대로 맞서지 않고 위 문제를 해결하려 한다 — 개인에게 공허하고 외로운 자유, 그가 원한다면 '사실을 외면할 수 있는' 자유까지 선사하며 문제 해결하기. 실존주의적 그림은 사실상 과학적 사실이라는 바다 한가운데에 떠 있는 작은 섬에 유배된 개인의 공포 서린 외로움이고 오로지 의지의 거친 도약에 기대어 과학으로부터 도피하려는 도덕의 모습이다. 그러나 우리가 처한 상황은 이와 다르다. 우리가 다뤄온 M과 그 며느리 D의 예를 통해 이 문제를 간단히 살펴보자 — 설령 정신분석을 십분 활용하여 D를 향한 M의 행위를 설명한다 해도, M은 그런 설명에 구속될 필요가 없다. 그렇다고 그 이유가 단지 M이 그녀 자신을 눈멀게 한 분별없고 까탈스러운 자유를 가지고 있기 때문도, 혹은 (햄프셔가 선호하는 더 미묘한 이론에 따라) 그녀가 더 탁월한 인식을 토대로 하여 그녀의 정신적 힘을 재배치할 수 있기 때문도 아니다. 그 이유는 바로 정신분석학적 개념들이 어느 특정한 도덕적 혹은 종교적 개념 이상으로 M에게 영향을 미치지 않아서이다. 과학이 도덕을 이끌고 그 방향을 바꾸는 순간도 있다. 그러나 과학이 도덕을 포함할 수는 없다. 따라서 도덕철학 역시 포함하지 않는다. 자유와 지식을 분리하고 지식만을 ('탈개인적인 근거'라는 무비판적 관념을 통해) 과학의 영역에 남겨두는 철학은 이 문제의 중요성을 쉽게 간과한다. M이 과학에, 그리고 경험철학이 과학적 이미지에 창조한 '사실 세계'의 영향을 받지 않는 까닭이 단순히 그녀의 역동적 의지 때문은 아니다. 자기 마음을 인식하고 있다는 사실을 그녀 스스로 알고 있기 때문이다. 도덕적 개념은 과학과 논리가 설정한 경직된 세계 **안에서** 배회하지 않고 다양한 목적에 맞추어 다양한 세계를 설정한다.

이제부터 심리적 현상을 발생론적으로 설명하는 행태주의 시각과는 연결될 여지가 전혀 없는 도덕 개념에 대해 좀 더 적극적으로 설명해보겠다. 여기서 나는 두 가지 관념을 서로 연결하고자 한다 ― 개별자 관념 그리고 완전성 관념. 사랑은 개별자에 대한 앎이다. D와 직면한 M은 끝나지 않을 과업을 짊어진다. 도덕적 과업은 그 특성상 종결될 수가 없다. 주어진 개념 '안에서의' 우리 노력이 불완전해서 그런 것만은 아니다. 무엇보다 우리가 움직이고 살펴보는 과정에서 우리의 개념 자체가 변화하기 때문이다. 벗어날 수 없는 불완전함, 그리고 사랑 혹은 앎의 이상적 극한,[25] 언제나 멀기만 한 그 경계에 대해 말하는 순간, 그것은 '추락한' 인간 조건에 대한 근거 자료로 여겨질 수도 있지만, 그렇다고 특별한 교조적 의미를 여기에 부여할 필요는 없다. 우리는 천사도 그렇다고 짐승도 아닌 인간 개별자일 따름이고, 그래서 우리가 서로를 다루는 방식에 이런 면이 존재하는 것이다. 이는 경험적 사실로 간주될 수도 있고, 아니면 다른 식

---

25) 플라톤의 이데아 같은 가장 이상적인 모습의 원형.

의 용어를 선호하는 사람들에 의해 종합적이고 **선험적인** 진리라고 일컬어
질 수도 있다.

이상적 극한 관념을 심리적 개념에 도입하면 그 의미의 발생론적 분석
시도는 붕괴되어버린다.(햄프셔는 오직 한 가지 심리적 개념을 다룰 때만 완전성이라
는 관념을 허용했는데 그 개념은 바로 의도였다 —그러나 그는 이상적 극한 관념을 과학
적인 것으로 취하면서 의도 개념을 도덕과는 떼어놓으려 했다.) 이제 그 붕괴가 어떻
게 일어나는지 살펴보자. '사랑'은 심리적 개념인가? 만약 그렇다면, 사랑
을 발생론적으로 분석할 수 있는가? 분명 메리의 새끼양은 메리를 사랑했
고 그래서 그녀를 좇아 학교에 갔다.[26] '배움'이라는 측면에서 보면 우리는
사랑 개념을, 그 어휘를, 이런 맥락에 따라 잘 배울 수 있다. 그러나 그렇게
개념을 배운다고 문제가 끝나지는 않는다.(그렇다고 시작인 것도 아니다.) 어휘
는 여기서 우리를 현혹시킬 수도 있는데 개념은 변화하는 반면에 어휘는
고정되기 십상이기 때문이다. 우리가 마흔 살에 갖는 용기의 이미지는 스
무 살 때의 이미지와 사뭇 다르다. 그사이에 심화의 과정, 적어도 변화무쌍
하고 복잡한 과정이 펼쳐진다. '한 단어의 의미를 안다'라는 말에는 두 가
지 측면이 있는데, 하나는 일상 언어와 연관되고, 다른 하나는 거의 연관되
지 않는다. 어떤 가치 개념에 대한 앎은 말하자면 이해해야 할 것, 그러니
까 깊이 이해해야 할 것이지, 하늘에서 뚝 떨어진 탈개인적 네트워크를 향
해 틱 스위치를 컨다고 곧바로 이해될 만한 것이 아니다. 게다가 도덕이 본
질적으로 변화와 과정을 매개한 것이라면, 우리는 몇몇 철학자의 희망처
럼 도덕에 대해 민주적일 수 없다. 이성적이 되고 일상 언어를 안다고 해서

---

26) 19세기 미국 동요 「메리는 새끼양을 가지고 있었네(Mary had a little lamb)」에 나오는 내용.

간단히 모든 필수 도덕 어휘의 의미를 '알 수' 있는 것은 아니다. 우리는 그 의미에 대해 그저 배워야 하는지도 모른다. 우리는 각자 자신의 역사를 가진 인간 개별자이므로 '이해'라는 움직임은 이상적 극한을 향하며 사밀성(私密性)을 증가시키는 쪽으로 나아가지, 탈개인적이고 공적인 언어의 지배를 받는 발생을 향해 되돌아가지 않는다.

　　지금 내 이야기는 별반 새로운 것이 아니다 — 플라톤 이래 계속해서 철학자들은 비슷한 이야기를 해왔고, 그 중심이 개인에게 주어진 기독교 윤리에서는 특히나 흔한 이야기이다. 플라톤 전통의 본령에 좀 더 가까이 다가가보면, 지금의 논쟁은 추상적인 동시에 구체적인 보편자에 관한 오랜 갑론을박과 겹친다. 나의 견해는 아마도 이렇게 옮겨질 것이다 — 도덕적 용어는 반드시 구체적 보편자로 취급되어야 한다. 그리고 이 지점에서 누군가가 '글쎄, 왜 도덕적 개념에 머물러야 하지? 모든 보편자가 구체적인 것이라고 주장하면 왜 안 되는데?'라고 묻는다면 나는 다음과 같이 대답할 것이다. '사실 안 될 것도 없잖아? 빨강을 이상적 종점으로, 끊임없이 배워야 할 개념으로, 사랑의 개별적인 대상으로 삼으면 왜 안 되는데?' 화가는 이렇게 말할 수도 있다. "너는 '빨강'이 무엇을 의미하는지 몰라." 이는 과학과 논리가 구석으로 몰아붙인 가치 관념에 반격을 가해 되찾아 와서는 앎의 전 영역을 아우르게 하는 것일 수도 있다. 그러나 이는 또 다른 논쟁을 낳을 것이고, 여기서의 내 관심사도 아니다. 이런 방식으로 어쩌면 모든 개념을 고찰할 수 있을지도 모르지만 — 여기서 내가 주장하고자 하는 것은 오직, 몇몇 개념은 반드시 이런 방식으로 고찰해야 한다는 점이다.

　　도덕의 중심 개념은 사랑을 통해 알 수 있다고 여겨지는 '개인', '너는 그러므로 완전해지라'[27]는 명령의 관점에서 비춰지는 그런 '개인'이라고, 나는 주장한다. 물론 여기에 어쩔 수 없이 의존하게 되는 철학적 배경이 있을 수 있지만, 그렇다고 내가 비전(秘傳)적인 무엇인가를 주장하는 것은 결코 아니다. 사실 보통 사람에게는 오히려 이런 이미지가 실존주의적인 것보다 훨씬 더 친숙하다. 통상 우리는 존재의 지속적 조직에 속하는 여러 덕에 따라 선을 인식하고 이해한다. 그리고 실제로 예증되다시피 이런 덕들의 본질이 역사적이면서 개인적이기 때문에 타인을 통해서는 선함을 익히기 어려운 것이다. '올바른 행위를 따라 하는 것은 올바르게 행위하는 것이다'[햄프셔, 『논리와 이해(*Logic and Appreciation*)』]라는 말은 매우 그럴 듯하다. 그런데 내가 따라 해야 하는 올바른 행위의 범형(範型)은 도대체 어떤 것인가? 진부하게도 현대 철학에서는 그 범형이 아주 간단히 식별할 수 있는 것으로 이런 간단한 의미의 합리성이야말로 현 관심사라고 주장한다. 물론 통속적 목적하에서라면 그런 주장이 들어맞는 경우도 있겠지만, 사람들로 하여금 통속적 차원에만 머물 수 없게 하는 것이 한편으로는 도덕의 특성이기도 하다. 그리고 경우에 따라서는 사람들에게 그런 차원에 머물지 말라는 의무를 지우기도 한다.

이 맥락에서 『정초(*Grundlegung*)』[28]에 드러난 칸트의 애매모호한 입장을 살펴볼 필요가 있다. 그는 우리가 예수라는 인격체를 직면할 때 반드시 우리 자신의 가슴속 이성의 패턴으로 되돌아가서 우리가 보는 그 인간을 우리가 승인할 것인지 결정해야 한다고 말한다. 칸트는 종종 실존주의 견

---

27) "Be ye therefore perfect"(마태복음 5:48).
28) 『윤리 형이상학 정초(*Grundlegung zur Metaphysik der Sitten*)』.

해의 후원자로 일컬어진다 —그리고 그의 말은 자아로의 회귀, 즉 모든 부류의 실존주의자가 선호하는바 고독한 의지와 순수함의 연결을 옹호하는 것으로 선뜻 해석될 수 있다. 여기 총체적 책임과 자유 속에 나는 홀로 서 있다. 나는 단지 지성을 통해 내가 알 수 있는 것과 명료한 의도를 가지고 내가 할 수 있는 것을 적절하고 책임 있게 수행할 뿐이다. 그런데 잊지 말아야 할 사실은 칸트가 '형이상학적 자연주의자'이지 실존주의자는 아니라는 점이다. 이성 자체는 그에게 이상적 극한이다 — 사실 그의 용어 '이성 이념(Idea of Reason)'은 도덕적 활동의 특성인 완전성을 향한 끝없는 열망을 정확하게 표현한다. 그는 '일상 언어'와 통속성에 속해 있는, '획득된' 혹은 '주어진' 이성을 주장하지도 않고, 아무런 길잡이 없이 홀로 서 있는 인간 모습을 그리지도 않는다. 도덕적 실재는 실제로 존재하기는 한다. 저 아득히 높은 곳에다 표준을 세운 실재이기는 하지만 — 그 이해와 모방의 어려움은 고스란히 남아 있다. 예수를 바라봐야 할지 혹은 이성을 바라봐야 할지는 어쩌면 전략과 기질에 따라 결정되는지도 모른다. 칸트는 특히 한 인간이나 관습에 대한 맹목적 복종의 위험성에 깊은 인상을 받았다. 그러나 (실존주의 역사가 보여주듯이) 자기 자신의 가슴속에서 이상적인 것을 발견한다는 애매모호한 생각에도 마찬가지로 많은 위험 요소가 도사리고 있다. 바깥으로 예수를 바라보기만 하고 안으로 이성을 바라보지는 말라는 것은 자아가 현혹적인 대상, 즉 우리가 **그곳**을 보면 기타의 것은 볼 수 없는, 그런 대상이라고 주장하는 것이다. 그러나 내 말대로 그 응시가 이상적인 것을 향한다면, 그 응시를 정확하게 형식화한다 해도 교조적으로 완고하게 규정되지는 않는다는 의미에서 역사와 전략에 의존하게 되고, 따라서 어떤 경우이든 이상적인 것의 이해는 부분적으로만 가능하게 될 것이다. 덕과 관련된 곳에서 우리는 명료하게 이해하는 것 이상으로 많은 것을 파악할 때가 많고, 또한 **바라봄을 통해 성장한다.**

이런 과정이 실제로는 어떻게 일어나는지 좀 더 자세하게 내 생각을 개진해보겠다. 이 과정에서 내 주장의 위상이 명료해지는 동시에, 특히 언어 철학과의 연관성이 잘 드러나기를 희망한다. 지금까지 나는 심화되거나 복잡해지는 과정, 배움의 과정에 대해 말했는데, 이런 과정은 이상적 극한과 관련된 차원에 자리 잡고 있는 여러 도덕적 개념에 스며들어 있다. M과 그 며느리의 예를 기술하면서, 나는 규범-기술어, 즉 ('천박한', '자연스러운' 같은) 특화된 혹은 2차적인 가치어가 담당하는 역할의 중요성에 주목했다. 이런 단어에 의해 '개인을 개념으로 둘러쌈'이라고 부를 만한 일이 일어나는데, 이 같은 단어들의 사용은 배움의 수단이자 동시에 증상, 배움은 관심 쏟음이라는 특정 행위의 맥락에서 이런 단어를 사용할 때 일어나는 현상이다. 목소리를 내서 그 단어를 말하든 마음속으로만 그 단어를 되뇌든 상관없이 그렇다.(M은 D에게 관심을 쏟는다.) 이는 강조할 만한 논점이다. 일군의 철학자들은 말이 초시간적이지 않다는 점, 발화가 역사적인 일이라는 점에 나름의 목적에 따라 주목해왔다.(스트로슨[29]은 기술 이론을 공격하면서 이 점에 주목했다.) 그러나 우리의 현대 철학은 결과적으로 이성의 초시간적 이미지를 불러일으킬 수도 있다는 이유에서 이런 사실이 지니는 함의 모두를 완전히 끌어내지는 못했다. 플라톤이 『파이드로스』 말미에서 적시(摘示)한 바와 같이 말 자체는 지혜를 포함하지 않는다. 그러나 특정한 시점에 특정한 개인에게 하는 말은 경우에 따라 지혜를 불러일으킬 수 있다. 게

---

29) P. F. Strawson(1919-2006). 러셀의 기술 이론(theory of descriptions)을 비판하면서 의미의 사회적 맥락을 강조했다.

다가 언어는 시공간적 맥락과 개념적 맥락을 모두 갖추고 있다. 우리는 맥락에 주목함으로써 배우고, 대상에 쏟는 주의 깊은 관심을 통해 어휘를 발전시킨다. 그리고 (그러지 못할 때가 많지만) 우리가 타자(他者)를 이해하려면 어느 정도 그들을 둘러싼 맥락을 공유할 수 있어야 한다. 공통 대상을 둘러싸고 모인 사람들의 언어 사용은 인간 활동에서 핵심적이자 필수적인 것이다. 미술 평론가가 도움이 되는 경우는 그와 우리가 같은 대상을 마주하고 그의 개념적 도식을 알 수 있을 때다. 두 가지 맥락 모두 '더 잘 보기' 위한, '그 평론가가 본 바를 보기' 위한 우리 능력과 연관된다. 이 같이 미학을 통한 유비가 도덕에 도움을 주는 예는 드물지 않다. M은 M처럼 D를 아는 사람에게서 도움을 받을 수도 있는데, M이 그 사람의 개념적 도식을 기본적으로 이해하고 있거나 혹은 그런 맥락에서 이해하기 시작할 때 그런 일이 일어난다. 개념적 도식에 대한 이해는 흔히 공통 대상을 앞에 두고 이루어지는 규범-기술적인 이야기에 귀를 기울이는 과정을 통해 증진된다. 지금까지 M의 사례와 관련된 긍정적 방향의 과정과 변화에 대해 이야기했다. 당연히 그 변화는 (사실 더 흔하게) 부정적인 방향으로 흐를 수 있다. 일상적인 대화가 반드시 도덕적으로 중립적이란 법은 없고, 사악한 마음을 먹고 그릇되게 타인을 기술하는 경우도 있다. 영악하게 개념을 모아 사악함을 펼칠 때 가장 효과적인 도구로 삼기도 한다. 일정한 집합이나 패턴에 속할 수밖에 없다는 것이 규범 언어의 독특한 특징인데 여기에는 바람직한 면과 그렇지 못한 면이 모두 있다. 어쨌거나 우리는 그 집합이나 패턴을 이해하지 못한 채 규범 언어를 이해할 수는 없다. 평론가가 어떤 그림이 '기능적 색채'를 포함하고 있다든가 '두드러진 형식'을 보여준다는 등의 말을 할 때 그 말을 이해하려면 우리는 단지 그 그림에 대해서만이 아니라 그 평론가의 이론에 대해서도 어느 정도는 알아야 한다. 마찬가지로 M이 D에 대해 위와 같은 전문용어는 아니지만 '저속하다'라고 말할 때, D뿐 아니라 M에 대해서도 알아야만 우리는 그 용어의 사용법을 온전하게 이해할 수 있다.

　　언어가 관심의 맥락에 의존한다는 사실은 중요한 결과를 낳는다. 언어는 우리 생각보다 훨씬 독특한 것이다. 합리적 근거가 반드시 공적일 필요는 없고, **그 자체로** 공적이지도 않다. 공공성이 거의 없는 근거라고 해서 더 못한 근거도 아니다. '나는 설명 못 하겠어. 너 스스로 그녀를 알아야 해.' 공통 대상이 없으면 대화가 어긋나고 같은 말을 해도 듣는 사람에 따라 다른 결과를 낳기 십상이다. 곰곰이 생각해보면 이는 대단히 명백한 사실임에도 불구하고 많은 경우에 철학은 그 명백한 것에 대해 말할 수 있는 적절한 맥락을 찾는 작업이 되곤 한다. 인간이란 서로 관심의 대상이 아니거나 관심을 쏟는 공통 대상이 없으면 특정 국면, 특히 도덕과 관련된 국면에서 서로 의사를 분명히 알지 못하는 존재인데, 왜냐하면 이런 관심이 없으면 공통 어휘가 다듬어지는 수준에 악영향을 미치기 때문이다. 우리는 바라봄의 맥락 속에서 언어를 발전시킨다 — 다시 안목의 은유로. 내면에서 일어나는 사건의 특권적 접근이라는 생각은 도덕적으로 의심스러운 발상으로 취급되어왔는데 그 이유는 무엇보다도 그 생각이 '이성적 논의가 오가는 일상 세계'로부터 사람들을 분리시켜서이다. 사실상 언어 구사의 맥락에서 불가피하게 따라오는 사밀성에 의해서도 이미 이런 분리는 이루어지고, 지극히 간단하고 통속적 수준의 대화가 오가는 곳을 제외하면 이성적 논의의 일상 세계란 존재하지 않는다. 그러나 많은 도덕론자가 이런 결론을 두려워하며 회피한다. 그 결론이 그들에게는 이성 작용과 정면 충돌

하는 것처럼 보인다는 것이 하나의 이유이고, 그들이 과학을 본보기로 삼아 이성을 해석한다는 것이 또 다른 이유이다. 과학은 자신의 언어를 통해 탈개인적이고 정확하면서도, 협력이라는 목적에 접근 가능하도록 하려 애쓴다. 목표가 뚜렷하고 현실적일수록 그 접근 가능성은 커진다. 그러나 도덕 언어는 과학 언어와 비교할 수 없을 정도로 복잡한 여러 종류의 실재와 관계를 맺기에 어쩔 수 없이 개별적 독특성이 강한 접근 불가능한 것이 되기 쉽다.

언어는 인간의 상징 중 가장 복잡 미묘한 것으로 인간이라는 존재도 언어로 조직되어 있다. 그리고 이렇게 생생하고 근본적인 언어의 본성을 망각할 때 우리는 심각한 위험에 빠진다. 이를테면 문학-인문학적 문화와 과학적 문화에 대해 마치 동일선상에 있는 듯이 '두 개의 문화' 운운하는 따위는 완전히 얼토당토 않은 것이다. 지금은 오직 하나의 문화만 존재한다. 그리고 너무나 흥미로운 동시에 너무나 위험하게도 그 문화에서는 과학이 중요한 역할을 담당한다. 그러나 문화의 가장 본질적이고 근본적인 면은 문학을 학습할 때 드러나는데, 거기에서 인간이 처한 상황을 묘사하고 이해하는 데 필요한 교육이 이루어지기 때문이다. 과학자이기 이전에 우리는 인간이고 도덕적 주체이다. 그리고 인간의 삶에서 과학이 어떤 위치를 차지하는지를 논의할 때에도 그 논의는 반드시 **말**을 통해 이루어진다. 과학자 어느 누구보다 셰익스피어에 대해 아는 것이 중요하며 언제나 중요할 수밖에 없는 이유가 바로 이것이다 — 그리고 '과학계의 셰익스피어'가 존재한다면 그의 이름은 아리스토텔레스일 것이다.

지금까지 나는 '관심'이라는 단어를 사용했다. 개별 실재를 향한 공정하고 사랑이 담긴 응시라는 관념을 표현하려고 이 단어를 시몬 베유[30]에게서 빌려왔다. 나는 이 단어가 능동적인 도덕적 주체를 특징짓는 고유한 표징(表徵)이 될 수 있다고 믿는다. 여기 등장하는 '특징짓는' 그리고 '고유한' 등의 단어에는 결국 논리적인 동시에 규범적인 주장이 담겨 있다. 이제 내 말이 어느 정도로 규범적 권고의 성격을 띠고 어느 정도로 논리적 기술의 성격을 띠는지 살펴보겠다. 매력적인, 그리고 많은 것을 설명하는 이론의 구조는 언제나 일상생활에서 겪는 친숙한 사태의 기초에서 발견되기 마련인데, 이는 규범적 이론이든 논리적 이론이든 마찬가지다. 이제 나의 견해가 실존주의적 견해보다 인간의 자유에 대해 더 만족스러운 해석을 제공한다는 주장을 펼쳐보고자 한다. 나는 사르트르처럼 실존주의자를 자처하는 사람과 햄프셔, 헤어, 에이어처럼 그러지는 않는 사람을 모두 실존주의자로 한데 묶어 분류한다. 이 두 부류의 공통된 특징으로 엄연히 실재하는 개인을 공허한 선택 의지와 동일시한다는 점과 이에 상응해 안목보다는 움직임 관념을 강조한다는 점을 들 수 있다. 그리고 이런 강조는 실존주의의 반자연주의적 편견에 부합하는 것이기도 하다. '도덕적 바라봄'에 대해 이들이 할 수 있는 말은 없다. 왜냐하면 **도덕적으로** 볼 것 자체가 이들에게는 존재하지 않기 때문이다. 실존주의에는 도덕적 안목이라는 것도 존재하지 않는다. 단지 그저 그런 안목으로 보는 일상 세계만이, 그리고 그 안에서 작동하는 의지만이 존재할 뿐이다. 실존주의에는 칸트주의 진영이라고 불리는 쪽과 초현실주의 진영이라고 불리는 쪽이 존재하고, 그 둘은 행위의 **근거**에 대한 흥미의 정도에 따라 나

---

30) Simone Wei(1909-1943). 프랑스의 사상가이자 레지스탕스 운동가. 사후에 출판된 『중력과 은총』, 『억압과 자유』 등의 저서가 있다.

뉘는데, 극단적인 초현실주의는 행위 근거에 전혀 흥미를 보이지 않는 데까지 나아간다.

물론 우리네 영국 철학자들은 근거에 크게 관심 있는 사람들로서 내가 위에서 말한 접근 가능성, 즉 도덕적 근거 찾기의 탈(脫)비전적 성격을 강조한다. 그들의 주장에 따르면, (사실 이것이 근거의 탈개인적 특성을 강조하는 요체다) 그처럼 근거가 만들어진다고 해서 그 근거가 행위자와 세계를, 더 정확히 말하면 행위자와 세계 안에 존재하는 특화된 개인적 맥락을 어떤 식으로든 연결하거나 결합하지는 않는다. 개인은 모든 사람에게 열려 있는 일상적인 사실을 검토하고 그에 따라 자유롭게 근거를 선택할 뿐이다 — 그리고 그는 행위한다. 그들의 주장에 따르면 이것이야말로 자유가 실현되는 과정이다. 이처럼 높은 의식을 매개로 한 자기완결적 존재로 표현되는 인간 이미지에 대해 몇몇 철학자는 애초에 주어진 것(donné)이라 하고, 햄프셔를 비롯한 다른 철학자들은 하나의 규준이라고 한다. 물론 햄프셔는 세심하게 그 규준에 과학적 배경을 부여하려 한다.

위 이미지가 사실적인지, 우리 경험 속 도덕적 선택의 모습이 과연 이러한지 단도직입적으로 물음을 던져보자. 언뜻 보기에 실존주의는 도덕적 선택의 독특한 특징 중 하나, 즉 선택의 순간 흔히 발생하는 묘한 공허를 설명할 때 이점이 있는듯 보인다. 물론 선택이 이루어지는 순간에는 다양한 층위의 의식(意識), 중요성, 난점 등이 존재한다. 간단하고 쉬우며 그다지 중요하지 않은 선택에서 '목전의 상황'을 이해할 때는 이성적 근거에서 결정과 행위로 이어지는, 혹은 단순히 이성적 근거에서 바로 행위로 이어지는 명백한 순서를 굳이 벗어날 필요가 없고, 이런 선택을 '탈개인적인' 것으로 간주할 수도 있다. '내가 가야 하나? 당연하지, 내가 약속한 거니까.' 나는 계산서를 받으면 돈을 낸다. 그러나 어렵고 고통스러운 선택을 할 때 흔히 모습을 드러내는 것은 너무나 많은 것이 얽혀 있는 공허의 경험이다 — 이성적 근거 따위로는 그 어떤 것도 결정할 수 없을 것 같은 이 느낌. 실존주의라면 어느 진영이든 이런 느낌을 기꺼이 받아들인다. 칸트주의 진영에서는 이성적 근거와 관계 맺으며 우리가 자유로울 수 있다는 사실을 보여주면서 이 느낌을 받아들이고, 초현실주의 진영에서는 이성적 근거라는 것 자체가 존재하지 않는다는 사실을 보여주면서 받아들인다. 사실 이런 공허의 경험을 통해 자유가 단순히 고독한 의지의 움직임이라는 생각은 완벽하게 증명되는 듯 보인다. 선택은 외부로 향하는 운동이다. 외부 말고는 선택을 위한 어떤 자리도 존재하지 않는다는 이유에서 그렇다.

그런데 정말 그런가? 그리고 이런 경험을 우리는 정말 기꺼이 받아들여야 하는가? 사르트르는 칸트주의와 초현실주의를 난폭하게 오가면서 이 문제를 한층 더 음울하게 만드는 한 마디 말을 내뱉는다. **내가 숙고하는 사이에 주사위는 이미 던져졌다**(Quand je délibère les jeux sont faits).[31] 너무나 기묘하게도 선택의 순간에 우리가 세계와 분리된다면 우리가 진정 선택을 하고는 있는 것일까? 이런 경솔하고 공허한 의지와 우리 자신을 동일시하는 것이 진정 옳은 일일까?(햄프셔: '나는 나 자신을 내 의지와 동일시한다.') 이에 대한 반발이라고는 해도, 더 극단적인 실존주의자들의 생각에서 조금도 벗어나지 못한 채 (이를테면 도스토옙스키) 사람들은 여기서 결정론으로, 숙명론으로, 자유를 완전히 환상으로 취급하는 사상으로 방향을 틀 수도 있다. 내가 고민하는 동안 주사위는 벌써 던져졌다. 내 안에 존재하는 힘은 음침

---

31) 사르트르, 『존재와 무』에 등장하는 구절.

하게 내게 다가와 어느새 결정을 내려버린 것이다.

　기존의 실존주의 견해와 비교해보면 이는 뭐랄까, 덜 매력적이고 덜 사실적이다. 우리의 선택지가 진정 총체적 자유 이미지와 총체적 결정론 이미지, 둘밖에 없을까? 이 문제에 대해 좀 더 균형 잡힌, 좀 더 빛나는 설명을 해볼 수는 없을까? 나는 가능하다고 생각한다. 내가 앞서 사용한 **관심**과 바라봄의 관념을 여기에 도입하기만 하면 된다. 나는 내가 **볼** 수 있는 세계 안에서만 선택할 수 있다. 그리고 그 '봄'은 밝은 안목이 도덕적 상상과 도덕적 노력의 결과로 얻어진다는 사실을 암시한다는 점에서 도덕적 의미가 있다. 물론 '왜곡된 안목'이 존재할 수도 있고, '실재'라는 단어가 여기서 불가피하게 규범적 단어로 등장할 수도 있다. 공정한, 그리고 사랑의 마음을 갖고 있을 때 M은 실재로서의 D를 본다. 흔히 사람들은 그가 볼 **수 있는** 대상에 거의 자동적으로 굴복한다. 관심 쏟음이라는 선(先) 작업을 무시하고 오직 선택 순간의 공허에만 주목하면, 우리는 외부로 향하는 운동을 자유와 동일시하기 쉽다. 그 밖에는 자유와 동일시할 수 있는 것이 존재할 수 없기 때문이다. 그러나 관심 쏟음이라는 작업이 어떤 것인지, 얼마나 지속적으로 작용하는지, 그리고 얼마나 조용히 우리를 둘러싼 가치의 구조를 쌓아올리는지 생각해본다면, 선택의 결정적 순간에 이미 선택이라는 일 자체가 대부분 끝나버렸다는 사실에 그리 놀라지는 않을 것이다. 그렇다고 이 사실이 우리가 자유롭지 않음을 함축하는 것은 아니다. 결단코 아니다. 그것이 함축하는 것은 우리가 누리는 자유가 항상 지속되는 작은 조각조각의 일이지, 중요한 순간에 아무런 방해 없이 이루어지는 거창한 도약이 아니라는 사실이다. 이에 따르면 도덕적 삶은 쉼 없이 계속되는 것이다. 도덕적 선택 상황이 외면적으로 발생하지 않는다고 스위치가 꺼

져버리는 그러한 것이 아니다. 기실은 선택의 상황과 상황 사이가 핵심이다. 나는 대체적으로 '관심'이라는 단어는 좋은 것으로, '바라봄' 같은 좀 더 일반적인 용어는 중립적인 것으로 사용하고자 한다. 물론 영혼의 에너지는 설득력 있게 잘 짜인 정합적인 그러나 거짓된 세계상, 마침내 체계적인 어휘로 완결되는 세계상을 향해 흐른다. 점점 더 거침없이 흐른다.(M은 D를 방자한, 저속한, 철없는 등등의 형용사에 어울리는 사람으로 보았다.) 관심은 그런 환영(幻影)의 상태에 저항하는 몸부림이다.

어찌 보면 이런 관점의 인간상이 실존주의 관점보다 확실히 덜 자유로운 것 같기도 하다. 실존주의는 (초현실주의처럼) 우리가 처한 불가피한 운명을 통해, 혹은 (칸트주의처럼) 우리가 성취할 수 있는 가시적 목표를 통해 완벽한 자유의 조건을 표출한다. 햄프셔의 자유는 수정 같이 투명한 의도를 품을 수 있느냐에 따라 결정된다. 그러나 내가 제시하는 견해에 따르면, 도덕이 개별자 즉 인간 개별자를 비롯한 다른 종류의 개별적 실재를 향한 관심과 연결되어 갈등과 발전 과정을 겪으므로, 더 모호하고 더 역사에 얽매이며 의식(意識) 면에서 보통은 덜 명료할 수밖에 없다. 이때 자유는 그 자체로 도덕적 개념이지 도덕의 선행 조건 따위가 아니므로 앎 관념과 분리되지 않는다. 앎의 **대상**인 그것, 즉 공정한 '관심'에 의해 그 모습이 드러나는 것으로 아주 자연스럽게 우리가 생각하는 그 '실재'는, 각양각색의 인성(人性)과 상황을 아우르려면 당연하게도, 저 멀리 떨어져 있는 이상적인 의미에서의 '일자(一者)'로, 즉 모든 사람에게 동일한 하나의 대상으로 간주되어야만 한다. 선을 앎의 층위에서 이해하기 위해 거의 모든 철학자들이 이리저리 헤매 다녔지만, 그들은 도덕철학의 지독한 역설과 마주칠 수밖에 없었다 ― 어떤 식으로든 선을 구체적으로 보여주려는 시도, 즉 '일자'로서의 '실재'를 보여주려는 시도를 하는 순간 이미 몇몇 도덕적 쟁점에 관한 부적절한 선입견이 개입된 듯 보일 수밖에 없다는 역설. 이 난점을 민감하게 의식했기 때문에 최근 철학자들은 실제로 '자연주의는 오류다'[32]라는 명제를 공리인 것처럼 받아들인 것이다. 그러나 나는 선이 앎과의 **결합 속에 존재한다**는 사실이 일말의 티끌도 없이 명백하다는 것을 진지한 상식의 층위 그리고 도덕의 본성에 관한 일상적이고 비철학적인 반성의 층위에서 주장하고자 한다 ─ 일상 세계에 대한 일체의 탈개인적인 유사-과학적 앎을 배제한, 각 상황에 들어맞는 것이 진정 무엇인지를 파악하려는 정제되고 정직한 지각과의 결합, 그리고 우리 앞에 놓인 것이 무엇인지를 파악하려는 참을성 있고 공정한 분별과 천착과의 결합. 그 결과 얻어지는, 단순히 눈을 크게 뜨고 본다고 얻어지는 것이 아닌, 우리에게는 정말로 너무나도 익숙한 도덕적 훈련을 통해 얻어지는 앎.

그렇다면 '공허'의 경험, 실존주의자들이 그토록 힘주어 설파했던 **불안(Angst)**의 경험이란 과연 무엇인가? 그것이 그들이 말하는 순수한 자유의 경험으로 이해될 수 없다면, 도대체 그것은 무엇일까? 실제로 발생하기는 하는 것일까? 여기에는 아마도 여러 가지 조건이 개입되어 있을 것이다. 그러나 그 중심에 있는 것, 즉 불안 개념의 핵심은 내 생각에 일종의 공포로, 의식을 동반한 의지가 인성(人性)의 힘과 방향을 즉각적으로 제어하지 못할까 봐 염려할 때 느끼는 일종의 공포로 설명할 수 있다. 무수히 많은 '바라봄'을 통해 인간은 세계를 발견, 탐색해왔고, 그 세계는 지금 이 순간 구체적인 상황에서 (좋든 나쁘든) **강압적으로** 의지에 자신의 모습을 드러낸다. 그리고 의지는 지금 이 순간 자기가 전부여야만 하는데 실제로는 그

---

32) 주 3 참조.

렇지 않다는 느낌을 받으며 당황한다. 그렇게 인성(人性)과 이상 사이에 존재하는 불일치를 감지하는 곳곳에서 불안이 생겨난다. 아주 단순한 사람은 어쩌면 그런 불안을 느끼지 않을 수도 있고, 그 불안 자체를 아예 경험한 적이 없는 문명이 있을 수도 있다. 현재 만연한 근대적 형식의 극단적 **불안**은 오로지 의식을 매개로 한 전능한 의지 안에만 인성이 자리 잡는다는 광적인 신념에 사로잡힌 사람들에게서 보이는 질병 혹은 중독이다 — 그리고 이런 신념이 그릇된 것이라면 여기에 개입된 조건 모두가 환영(幻影)일 수밖에 없다. 의지가 (세계 안에서 **움직이기**만 할 뿐 세계를 **볼** 줄은 모르는 채) 형성된 인성을 강제로 지배하는 정도가 얼마나 되어야 재앙까지는 이르지 않는지 결정하는 것이 실제로 미묘한 도덕적 사안임은 분명하다. 칸트의 **존경**(Achtung) 개념은 물론 이 불안이라는 개념의 조상 격이다. 그러나 이 두 개념은 조심스럽게 구별되어야 하는데, 존경은 의지의 허약함에 대한 당혹감과 의지를 끌어내는 실재에 대한 영감 섞인 깨달음(감각적 의지에 대한 절망, 이성적 의지에 대한 즐거움)과의 결합이다. **불안**은 오히려 그런 깨달음 혹은 신념이 상실됐을 때 나타나는 것으로, 잘 발현되면 정신이 번쩍 드는 각성의 조건이 될 수 있다. 그러나 실존주의적 **불안**에 의해, 즉 그저 무기력하게 느즈러진 의지, 그리고 의지와 인성이 결합하지 못하는 상태를 통해 활기를 찾거나 혹은 찾으려 애쓰는 사람은 앞서 말한 숙명론 혹은 순전한 무책임에 빠질 위험이 있다.

　세계는 의지를 향해 **강압적으로** 모습을 드러내고, 그런 세계를 분별하고 탐색하는 작업은 느릿느릿 더딜 수밖에 없다는 점을 고려할 때 선택이라는 행위는 분명 다르게 이해되어야 한다. 도덕적 변화와 성취는 더디게 진행되는 것으로 단번에 자신을 바꾸어버릴 수 있는 능력을 자유라 한다면 우리는 자유롭지 못한 존재다. 우리가 볼 수 있는 것, 그래서 우리가 갈 망하는 것, 또 우리가 하지 않을 수 없는 것 등은 단번에 바꿔치기 할 수 없 다. 이렇게 보면 명시적 선택은 이제 그 중요성이 퇴색된 듯하다 ─ 그다지 결정적이지도 않고 (왜냐하면 '결정'을 이루는 요소는 대부분 다른 곳에 있으니까) 그 선택 기술을 꼭 연마할 필요도 없으니. 내가 올바르게 관심을 쏟는다면 나는 선택의 순간 자체를 맞이하지 않을 것이고 이것이 바로 우리가 지향하는 궁극적 조건이다. 어떤 점에서 보면 이는 여러 다른 행위 가능성을 가급적 다양하게 개념화함으로써 자유를 증가시키는 쪽으로 우리의 노력을 기울 여야 한다는 햄프셔의 그림과는 정반대다 ─ 가게에 물건을 가급적 많이 채 워 넣기. 이와 대조적으로 진정한 자유 개념하에서는 이상적인 상황이 일 종의 '필연성'으로 표상된다. 이는 성인(聖人)이 설파할 만한 것이고 예술 가가 쉽사리 이해할 만한 것이다. 인내와 사랑을 동반한 마음 씀이라는 관 념이 사람과 사물, 상황을 향할 때 의지는 방해받지 않는 움직임이 아니라 '복종'과 매우 흡사한 어떤 것으로 나타난다.

이제 의지와 이성은 도덕적 행위자에게 별개의 능력이 아니다. 의지는 좋든 나쁘든 믿음에 지속적인 영향을 주는데, 실재에 쏟는 관심을 유지시 킬 때 가장 이상적으로 역할하는 것이다. 바로 이것이 시몬 베유의 말, '의 지는 복종이지 결단이 아니다'의 의미다. 도덕적 행위자인 우리는 노력해 야 한다. 공정하게 보기 위해, 편견을 극복하기 위해, 유혹에서 벗어나기 위해, 상상력을 조절하고 억제하기 위해, 그리고 반성의 방향을 제대로 설 정하기 위해 노력해야 한다. 인간은 탈개인적인 이성적 사유자와 개인적 인 의지의 결합체가 아니다. 보고, 자신이 보는 것에 부합하는 욕구를 품 고, 또 자신의 안목의 방향과 초점에 대해 지속적이나 때로는 취약한 제어

능력을 가진, 이 모든 것이 합쳐진 존재가 바로 인간이다. 이런 그림을 넘어선, 보통 사람에게 생경한 그림은 내 생각에 존재하지 않는다. 단일하면서도 조직화된 배경 의미를 '실재'라는 규범적 단어에 부여하면 철학적 난점이 생길 수도 있다. 그러나 실재라는 단어는 그 한계를 이해한다면 사실 철학적 용어로 사용할 만한 것이다. 실재의 정체에 대해 우리는 거창한 체계적 의미를 부여하지 않고서도 '탈경험적'으로 말할 수 있다. 특정 상황에서 사랑이 담긴 인내하는 눈에 노출된 '실재'는 보통 사람이라도 충분히 이해할 수 있는 관념이다. M이 D를 공정하게 대하려 노력할 때 그녀는 자신이 무엇을 하고 있는지 알고 우리도 역시 그녀가 무엇을 하고 있는지를 안다.

앞서 나는, 예술가라면 누구나 실재에 대한 복종으로서의 의지 즉 어떤 선택지도 존재하지 않는 처지에 놓여 있다는 사실을 이상적으로 가르치는 복종으로서의 의지 관념을 이해한다고 말했다. 내가 제시하는 도덕 심리학의 커다란 장점 중 하나는 거기서 예술과 도덕이 서로 대조되는 것이 아니라 한 힘든 활동의 두 측면으로 드러난다는 것이다. 실존-행태주의적 견해는 예술에 관해 만족스러운 해석을 내놓을 수 없다 ─ 유사 ─ 놀이 행위, 여가 활용의 '자기만족인'(칸트주의-블룸스버리 그룹의 친숙한 표어) 행위이면서, 온전히 이성적이지 못한 상태에서 비롯한 일종의 부산물에 불과한 것으로 취급되는 예술. 물론 예술에 대한 이런 견해는 참기 어렵다. 철학 이론에서 벗어나 우리에게는 너무나 확실한, 삶의 단순한 면면으로 회귀하는 중요한 행보의 일환으로, 위대한 예술을 통해 얻은 앎으로, 그리고 그 예술이 담고 있는 도덕적 통찰과 그것이 표상하는 도덕적 성취를 통해 얻은 앎으로 우리는 돌아가야 한다. 선과 아름다움은 서로 대조되는 것이 아닌, 크게 보면 한 구조 속 다른 부분이다. 플라톤은 아름다움이 정신적인 것 중에서 우리 본성상 즉각 사랑에 빠질 수밖에 없는 유일무이한 존재라고 말하면서, 아름다운 것을 선한 것의 도입부로 다루었다. 즉 미적 상황을 도덕의 유비가 아닌 오히려 도덕적 상황 자체로 본 것이다. 만물에 대한 탈이기적 관심이라는 점에서 선한 사람과 예술가는 근본적으로 동일한 덕을 지닌 — 말로 하기는 쉽지만 성취하기는 매우 어려운 무엇. 반성적 예술가는 종종 이런 생각을 표현한다.(예를 들어 릴케는 세잔을 칭송하면서 '익명의 작품 속에서 보이는 사랑의 남김 없는 발현'이라고 말한다. 「클라라 릴케에게 보내는 편지」, 1907년 10월 13일).

실존-행태주의적 견해는 의지를 이성과 분리된 순수 운동으로 이해하기를, 그리고 (이성은 '객관적'이어야 하므로) 이성에서 규범 언어 사용 자격을 박탈하기를 소망했다. 그래서 그 속에서 드러나는 도덕적 행위자는 '선함[좋음]', '옳음' 같이 극도로 공허하고 일반적인 도덕적 용어하고만 어울릴 수 있었다. 아니, 어울리기를 강요받았다. 여기서 공허한 도덕적 언어는 의지의 공허함과 상응한다. 의지가 완전히 자유로워지려면 그 의지가 작동하는 곳인 세계에는 규범적 특성이 결여될 수밖에 없고 따라서 도덕은 전적으로 순수한 선택의 잣대 내부에 자리 잡을 수밖에 없다. 이에 대한 내 견해를 밝히자면 이렇다. 도리어 1차 일반 언어는 없어도 전혀 상관없고, 도덕적 작업을 모두 2차 특수 언어를 통해 수행할 수 있다. 만약 도덕적 행위자를 자신이 보는 실재에 복종하지 않을 수 없는 존재로 묘사한다면, 그는 '이것이 옳아', 즉 '나는 이것을 하기로 선택했어'라고 말하지 않을 것이다. 대신에 '이것은 ABCD야'(규범-기술적 언어)라고 말하고, 이어서 자연스럽게 그에 해당하는 행위를 할 것이다. 여기서 공허한 선택 행위는 발생하지 않고, 따라서 공허한 단어도 필요하지 않게 된다. 그렇다고 해서 내가 '선'이라는 단어의 위상을 떨어뜨리거나 내팽개치려는 것은 결코 아니다 — 오히려 무어의 등장 이전부터 그 단어가 원래 가지고 있던 존엄성과 권위를 복원하려는 것이라 할 수 있다. 지금까지 나는 각 개인을 향해 관심을 쏟으려는 노력, 그리고 사랑의 실행과 다를 바 없는 실재를 향한 복종에의 노력에 대해 이야기했다. 또 '실재'와 '개별자'는 도덕적 맥락 속에서 이상적 종점 혹은 이성 이념(Ideas of Reason)의 모습으로 우리에게 자신을 드러낸다고 주장했다. 선 개념은 분명 여기에 자리한다. '선' : '실재' : '사랑'. 이 세 단어는 서로 밀접히 연결되어 있다. 그리고 여기서 최근 철학에서는 그저 사소한 의미에 불과한 선의 정의 불가능성이 내포한 심원한 의미가 복구된다. 선은 무어의 계승자들이 주장하는 이유로 정의 불가능한 것이 아니다. 마음을 끌어당기면서 끊임없이 계속 생겨나는 실재, 그 실재를 이해하는 일이 극도로 어려워서 그런 것이다. 선이 **그곳에** 존재한다는 것과 그것이 본질적으로 무엇인지는 누구도 말할 수 없다는 것 둘 다를 말해보려 했을 때 어떤 점에서 무어는 스스로의 생각 이상으로 진실에 더 가까이 있었다. 선을 이해하는 것이 개인과 실재를 이해하는 것이라면, 선 역시 실재처럼 무한하고 파악하기 어려운 특성이 있음은 분명하다.

  나는 내가 제안하는 이미지를 도덕을 위한 일반적인 형이상학적 배경으로 간주해야지, 모든 도덕적 행위에 명료하게 적용되는 하나의 공식(formula)으로 간주해서는 안 된다는 점을 여러 차례 강조했다. 내가 아는 한 그런 종류의 공식은 아예 존재하지도 않는다. 우리는 개별자지만 계속 개별자에 머물려 하지 않는다. 그렇다고 우리 마음을 끌어당기는 완전성 관념에 항상 반응하지도 않는다. 그 흔한 예로 식당에서 계산을 하거나 다른 소소한 일상적 행위를 할 때 우리는 그저 그 상황에 맞는 행위를 하거나 일상적인 공적 이성에 부합하는 간단한 선택을 하는 '아무나'일 뿐이다. 그런데 일군(一群)의 철학자는 바로 이런 상황만을 유일한 분석 대상으로 선택한다. 더 나아가 나는 도덕을 한 개인의 전(全)인격에 개입된 관념으로, 그리고 전문적이고 비전적인 안목과 언어로 이끄는 관념으로 취급할 때 생기는 **도덕적** 위험에 대해서도 잘 알고 있다. 도덕의 사적 층위와 공적 층위는 서로 왕래하면서 양쪽을 모두 이롭게 한다. 통상적으로 이런 왕래는 당연한 것이다. '통속적인' 수준이라는 것도 실은 보기보다 간단하지 않다. 내가 어린 시절 부른 옛 노래에 등장하는 '당신의 법에 따라 방을 청소하는 사람은 이 일 저 일을 훌륭한 것으로 만드는 것이라네'[33]라는 구절은 얼토당토않은 것이 아니다. 관심 쏟음은 쉼 없이 해야 하는 임무이고, 겉으로 텅 빈 것처럼 보이는 일상적 순간에 우리는 '바라본다'. 그리고 상상력을 동반한 그런 작은 응시의 노력은 축적되어 결국에는 괄목할 만한 결과를 낳는다.

그렇다고 마음의 통찰이나 순수함이 행위보다 더 중요하다고 주장하는 것으로 이해하지는 않았으면 한다 — 무어가 함축적으로 주장했다고 철학자들이 우려한 그것. 외부로 드러난 행위는 일말의 의심도 없이 그 자체로 중요하다. 외부로 드러난 행위가 중요한 또 하나의 이유는 이런 행위가 내적 세계에도 필요불가결한 중추 요소가 되기 때문이다. 이런 점에서 보면 내적인 것은 외적인 것 없이 아무것도 할 수 없다. 외적 의식(儀式)이 내적 경험의 자리를 만들어준다는 의미에서만이 아니라, 외적 행위가 영혼의

---

33) 조지 허버트(George Herbert)의 시 「묘약(The Elixir)」에 나오는 구절.

에너지를 배출할 수 있고 오직 외적 행위만이 그것을 가능하게 한다는 의미에서도 그렇다. 우리는 종종 어설프게 마지못해 한 행위에 기대하지 않았던 보답을 받곤 한다 — 은총 관념이 자리하는 곳. 인성의 역동성, 어두운, 전적으로 의식적이지도 않고 한결같이 이성적이지도 않은 그 역동성의 이미지를 우리는 받아들여야 한다고, 나는 주장했다. 우리 배후에 존재하는 이 어두운 실체와 함께 우리는 때로 규칙에 따라 추상적으로 행위하기로 결정할 수도 있고, 우리가 보는 광경과 그 광경이 뿜어내는 불가항력적인 에너지를 무시하기로 결정할 수도 있다. 그리고 알고 보니 에너지와 광경이 모두 홀연히 우리에게 주어졌다는 사실을 발견할 수도 있다. 가장 난해한 도덕적 문제 중 하나가 바로 언제 그런 도약을 시도해야 하는지를 정하는 일이다. 그러나 우리가 아는 것을 뛰어넘으려 껑충 뛰어봐야 우리는 또 따라잡아야 할 앎을 앞에 두게 된다. 의지는 앎보다 그리 멀리 앞서갈 수는 없다. 그리고 이때 관심은 우리가 일용할 양식이 된다.

물론 지금까지의 내 제안은 도덕적 행위자 혹은 도덕적 용어가 이러이러해야 한다는 '중립적이고 논리적인 분석'이 아니다. 나는 그런 흉내조차 내지 않았다. 그렇다고 해서 햄프셔 같은 사람의 그림이 중립적인 것도 아니다. 이는 그도 암묵적으로 인정하는 사실이다(『사고와 행위』, 2장). '인성에 대한 두 가지 이해 중 하나를 선택하는 결정을 내려야 한다. (…) 인간의 이론적 견해와 종교적 믿음이 가장 중요하게 취급되는 사회에서 인간의 믿음은 다른 사람에 대한 그의 행위만큼 책임을 동반해야 하는 것으로 간주된다.' 그리고 그는 이를 '공리주의적 문화'와 대비시킨다. 여기서 햄프셔는 '결정'에 대해 말하는데, 이는 어떤 반대 이론과 맞서든 실존주의적 '지름길'이 항상 존재함을 보여준다 — '너는 그런 그림을 사용한다. 그러나 너는 그것을 사용하기로 **선택한** 것이다.' 이런 식으로 실존주의적 그림은 궁극적인 것이 된다. 나는 이렇게 내 이론의 의미를 무화(無化)하는 말장난을 배제하고 싶다. 규범적 이론이라고 반드시 자유 선택의 대상이 되는 것은 아니다 — 근대 철학은 이 두 관념을 등식화했고 나는 이런 등식화에 반대한다. 노골적으로 나는 형이상학적 이론의 스케치, 즉 일종의 미완결적인 비교조주의 자연주의를 제시했고, 따라서 내 주장에는 그런 이론의 특징인 순환적 정의의 요소도 있다. 그러나 나의 반대 이론도 마찬가지로 순환적이다. 내가 지금까지 설명한 바와 같이 내 반대 이론의 어떤 첨예한 주장도 여타의 주장을 일소할 만한 설득력 있는 도덕적, 심리적 결론을 내놓았다고, 나는 생각하지 않는다.

철학자는 인간 영혼에 대한 그림을 그리기 위해 항상 노력해야 한다. 도덕에는 그런 그림이 필요하고, 내 주장처럼 과학은 도덕을 강제할 위치에 있지 않다. 그래서 우리 일상에서 전개되는 도덕적 삶의 체계적, 설명적 배경을 밝히기 위해 끊임없이 노력하지 않을 이유가 없다. 이 글 서두에서 인용했듯이 햄프셔는 '궁극적인 가치 판단들을 아주 명료하게 진술할 수 있는 일련의 용어를 제공하는 것은 심리철학의 건설적인 과업이다'라고 말했다. 나는 내 생각이 도덕적 진보와 도덕적 실패의 본성에 대해, 그리고 하나의 도덕적 기질과 그 밖의 도덕적 기질을 구별하는 이유에 대해 반성하고 이해하는 데 도움을 주는, 풍부하고 비옥한 개념적 구도를 제공한다고 생각한다. 그리고 개념적 구도를 제공한다는 점에서 햄프셔가 언급한 임무와 동일한 임무를 띠고 있다고 생각한다. 한편 나는 내 이론이 실존주의라는 반대 이론을 무력화시킬 수 있기를 바란다. 내 이론은 왜 사람들이 실존주의에 사로잡히는지 설명할 수 있지만, 실존주의는 왜 사람들이 내 이론에 손을 들어주는지 설명하지 못한다. 이것이 그 무력화의 근거이다. 내가 제공한 스케치에 대해, 즉 위대하고 친숙한 철학적 전통에 대한 주석에 대해 평가할 때는 어떤 경우라도 반드시 새로우면서도 충실한 반성을 위한 자리와 연결될 수 있는 힘, 그 자리를 밝게 비추는 힘, 그 자리를 설명할 수 있는 힘, 그리고 그 자리를 만드는 힘이 얼마나 강력한가를 평가의 기준으로 삼아야 한다.

2장

'신(神)'과 '선(善)'에 관하여

철학은 우리 자신의 기질을 탐색하는 작업이다. 동시에 진리를 발견하려는 노력이기도 하다. 이 시대의 도덕철학에는 공허함이 자리 잡고 있는 것 같다. 철학의 주변 영역은 확장되거나(심리학, 정치·사회 이론) 붕괴되었다(종교). 그 영역의 가치를 위해 철학은 아무것도 해줄 수 없었다. 그 영역이 확장될 때 철학은 그 가치들과 맞닥뜨리지 못했고, 그 영역이 붕괴될 때 그 가치들을 구제하지 못했다. 지금 우리는 현대 심리학 용어와 덕 관련 용어의 상호 연결을 최소한 시도라도 해볼 수 있는, 유효한 철학적 심리학을 필요로 한다. 또한 프로이트와 마르크스를 중요하게 취급할 수 있는 도덕철학을, 그리고 그로부터 미학적, 정치적 견해를 산출할 수 있는 도덕철학을 필요로 한다. 나아가 요즘 철학자들은 거의 언급조차 하지 않는 사랑이라는 관념을 한 번 더 중심 주제로 삼을 수 있는 도덕철학을 필요로 한다.

이런 말을 하는 사람이 있을 수 있다. 우리에게는 그에 걸맞은 철학이 하나 있다고, 그것은 전통 유럽 철학의 적자(嫡子) 중 하나라고 — 실존주의. 이 철학은 지금 너무나 널리 퍼져서 비단 전통 철학자뿐 아니라 언어분석가 중 많은 이도, 스스로 자처하지는 않겠지만, 사실상 실존주의적인 개념을 가지고 연구하는 실정이다. 그러나 나는 실존주의는 우리가 필요로 하는 철학도 아니며, 그런 철학으로 만들어보려 어설피 만지작거려봐도 결코 그렇게 될 수는 없다고 주장하고 싶다. 실존주의가 과거의 유산임은 사실이다. 그러나 (내가 보기에) 실존주의는 비현실적이면서도 지나치게 낙관적인 교의이며 그릇된 가치를 실어 나르는 철학이다. '휴머니즘' 같은 얄팍한 교의를 통해 이는 더욱 확연하게 진실로 드러나는데, 요즘 사람들은 이런 교의를 통해 철학적 공허감을 메우려 하기도 한다.

실존주의는 인간의 삶에 밀착해 있는 철학이라고 적어도 스스로는 공언하고, 또 그렇게 되려고 애쓴다. 이는 실존주의의 큰 장점이다. 키르케고르는 헤겔 체계를 비판하면서 으리으리한 궁전을 지어놓고서 헛간 아니면 기껏해야 문지기 오두막에 사는 꼴이라고 했다. 도덕철학은 사람이 거주할 수 있는 곳이어야 한다. 실존주의는 인기 철학이 될 만한 자질을 갖추고 등장했다. 실존주의를 추구하지 않고, 심지어 그 존재조차 알지 못하는 사람들(이를테면 옥스퍼드 철학자들)의 정신에까지 침투할 만한 역량이 있음을 과시하기도 했다. 분명 실존주의는 행위를 고무할 수 있다. 그러나 내 생각에 그 이유는 실존주의가 진리를 말해서가 아니라 일종의 낭만적 도발을 감행해서이다. 그래서 실존주의의 지침은 종종 엉뚱한 방향을 가리키기도 한다. 비트겐슈타인 주장대로라면 철학에서 데카르트 시대는 비트겐슈타인 자신의 손에 의해 종결되었다. 그러나 실존주의식 도덕철학은 여전히 데카르트적이고 자아 중심적이다. 이에 대해 간략히 설명하면 이렇다. 우리 스스로 그린 우리의 초상은 너무나 거대해졌고, 우리는 의지라는 비현실적인 개념으로 만들고 자신과 동일시하는 지경에 이르렀으며, 자신과 거리를 두고 존재하는 실재를 포착하는 안목을 잃어버렸을뿐더러, 원죄조차 충분히 이해하지 못하는 처지가 되어버렸다. '원죄를 무시하는 윤리학은 모조리 쓸모없는 과학이다'라는 키르케고르의 언명은 옳다. 비록 그는 이런 말도 덧붙이기는 했지만. '그리고 만약 그 윤리학이 원죄를 알아본다면, 바로 그 사실 때문에 윤리학은 자신의 영역을 넘어서 버린다.'

칸트는 이성을 믿었고 헤겔은 역사를 믿었다. 이성과 역사, 둘 다 외적 실재에 대한 믿음의 형식이었다. 그러나 이 둘을 모두 믿지 않으면서도 전통 속에 여전히 머물러 있는 현대 사상가들에게는 완전히 발가벗겨진 자아만이 덩그러니 남아 있다. 그 자아가 가질 수 있는 덕목이라고는 자유 아니면 기껏해야 신실성(信實性), 혹은 영국 철학자의 경우처럼 일상적 온당성 정도밖에 없다. 한편 그 반대 진영의 철학은 '자아'라는 낡은, 그리고 실체화된 상(像)을 제거하느라 여념이 없었다. 윤리학에서도 도덕적 목적으로 자아 개념은 재고(再考)될 필요가 있다고 주장할 만한 근거를 마련하지 못했다. 결국 도덕적 행위자는 의지처럼 고립을 상징하는 원리에 의해 묘사되거나, 의식의 심연 속으로 숨어 들어간 첨점(尖點), 즉 심리학이나 사회학 같은 다른 연구 분야로 통째로 떠넘겨진 존재의 내부 혹은 그 주변에 위치한 첨점으로 묘사되기에 이르렀다. 다시 말해서 한편에는 의지를 휘두르며 모험을 일삼는 루시퍼적인 철학이, 다른 한편에는 자연과학이 존재하게 된 것이다. 그래서 도덕철학은, 아니 도덕 자체가 각종 유사-과학적 결정론과 손쉽게 결탁해서 책임감 없이 제멋대로 주제도 모르고 목소리만 높인 주장에 무방비 상태로 당하는 처지에 놓이게 되었다. 기계의 힘에 대한 맹신은 기계를 통해 크게 도약할 수 있다는 환상과 결합한다. 청년 사르트르와 많은 영국의 도덕철학자는 칸트 세계관을 쥐어짜고 남은 마지막 한 방울이라 할 만한 이런 이론을 대표한다. 동기에 대한 연구는 경험 과학에 굴복한다 ─ 의지는 동기로 이루어진 복합체를, 나아가 덕들로 이루어진 복합체를 밀어내고 그 자리를 차지한다.

　무어 이후 영국 철학사는 현대 윤리학이 직면한 독특한 딜레마를 고밀도로 압축한 축소판과 같은 것이다. 경험주의, 특히 러셀 그리고 비트겐슈타인식 경험주의는 윤리적 요소를 철학 영역에서 거의 다 밀어내 버린다. 도덕적 판단은 사실적인 것도, 진리치가 있는 것도 아니어서『논고(Tractatus)』의 세계에 도덕적 판단을 위한 자리는 없다. 좀 이상한 방식이기는 해도 무어 스스로 '도덕적 사실'과 관련된 하나의 형이상학을 주창하기는 했지만 '어떤 것이 선한(좋은) 것인가?'라는 물음과 "'선(좋음)'이란 무엇을 의미하는가?"라는 물음을 면밀히 구분해야 한다고 말하며 결국 그는 현대 윤리학의 분위기를 조장한 장본인이 되어버렸다. 위 물음 중 특히 두 번째 물음에 대한 답은 의지와 관련해서 중요성을 띤다. 그리고 선이 정의 불가능한(자연주의는 오류이다) 이유는 어떤 선을 떠올리든지 당면 상황에서 각 개인이 '한 걸음 물러서기'만 하면 누구라도 선을 분석할 수 있기 때문이다. 이런 식의 칸트주의는 여전히 호소력이 있다. 비트겐슈타인은 데카르트적 자아 관념, 즉 실체적 자아 관념을 공격했고 라일을 비롯한 여러 철학자는 그 공격을 발전시켰다. 또 일군의 학자들은 과거 '자아'의 활동이나 능력의 관점에서 논의된 인식론의 여러 단편적 문제를 '일상 언어' 연구를 통해 풀어낼 수 있다고 (종종 옳게) 주장한다(존 오스틴(John Austin)이 쓴 지각의 몇몇 문제에 관한 책 『감각과 감각질(Sense and Sensibilia)』 참조).

윤리학은 이런 분위기에서 시작되었다. 도덕적 진술을 감정적인 감탄 혹은 표현 따위로 분류한 덜 떨어진 시도 이후, 이보다는 더 잘 다듬어진 공리주의풍의 신칸트학파가 대두했다. 의지의 중심이라는 특권을 갖춘 존재로서의 (언제라도 '한 걸음 물러설' 수 있는 능력이 있는) 행위자라는 관념은 유지되었으나 낡은 '자아' 관념은 더 이상 그 행위자가 걸칠 만한 옷이 아니었기에 적어도 도덕 분야에서 그 행위자의 모습은 '일상 언어' 개념과 함께 작동하는 고립된 의지라는 형태로 드러났다.(비트겐슈타인의 작업이 우리에게 이런 이미지에 대한 암시를 주기는 하지만, 흥미롭게도 그 자신은 한 번도 이런 이미지를 직접 사용한 적이 없다.) 따라서 정신이 과학의 연구 대상이 되면서 의지와 서로 배타적이 되고, 그 둘 모두 다른 철학 분야로부터도 고립된다. 일상 언어를 숭배하는 이 괴상한 열기는 중립성을 강조하는 주장과 짝을 이룬다. 예전의 도덕철학자는 우리가 무엇을 해야 하는지를 이야기했다. 다시 말해서 무어의 두 가지 질문에 모두 대답하려 했던 것이다. 그러나 언어학적 분석은 어떤 도덕적 판단도 거부하면서 그저 도덕이라는 인간 현상에 대한 철학적 기술(記述)만 우리에게 주어져야 한다고 주장한다. 사실 이로부터 결과적으로 도출되는 인간 행위에 관한 그림에는 도덕적 편견의 개입이 노정되기 마련이다. 언어 분석을 통해 본 인간은 (일상에 대해 초연한, 그래서 이성적이라는 의미로) 자유롭다는 것, 그리고 책임감, 자기인식, 신실함, 풍부한 공리주의적 상식 등 여러 면에서 장점을 갖추고 있다. 원죄에 대한 언급, 사랑에 대한 언급은 당연히 여기에 없다. 마르크시즘은 무시된다. 심리학과 **관계 회복**을 해보려는 시도도 대체로 하지 않는다. 물론 햄프셔 교수처럼 완벽한 자기인식과 일상에 대한 완벽한 초연함을 바탕으로 완벽한 자유로움을 선사하는 '완벽한 정신분석학'을 가슴에 품고 자기인식 관념을 하나의 이상적 종점으로 발전시키려 했던 사람도 있기는 하지만.

　물론 언어학적 분석에서도 윤리학과 형이상학의 관계를 문제 삼는 태도를 발견할 수 있다. 윤리학은 경험론의 형식을 띨 수 있는가? 옥스퍼드와 캠브리지 전통에 있는 철학자라면 많은 이가 그렇다고 대답할 것이다. 그 전통은 진실의 탈을 쓴 각종 형태의 일원성을 공격한다는 점에서 분명 큰 장점이 있고, 이는 내가 놓치고 싶지 않은 면모이기도 하다. 모든 것이 하나로 환원된다는 생각은 오랜 세월 철학자가 품어온 영감인 동시에 전통적인 악덕이기도 하다. 그래서 비트겐슈타인이 '잠깐 잘 살펴보자'라고 말하는 것이다. 때때로 문제들은 서로 잘 연결되지 않는 것으로 드러나고, 그러다 보니 그에 상응하는 해결책도 하나의 체계 안에서 긴밀히 짜이지 않은 채 남겨진다. 모든 것이 하나라는 생각에 끌리고 안 끌리고는 어쩌면 사람의 기질 문제일지도 모른다.(나는 일원론에 끌리는 기질을 가지고 있다.) 그러나 우리가 느즈러진 영국 전통의 경험론적 윤리학(흄, 칸트, 밀의 산뜻한 결합), 그리고 그보다는 좀 더 형식을 갖춘 실존주의 체계를 거부한다고 해서 반드시 그 대안으로 이른바 형이상학적 이론이라 일컬어지는 것을 내세워야 하느냐는 문제를 여기서 논의하지는 않겠다. 여기서 나는 그저 현재 만연해 있을 뿐 아니라 큰 인기를 누리는 이 철학적 구상을 어떤 근거에서 비현실적인 것으로 취급해야 하는지를 보여주고자 한다. 덧붙여 내 설명이 시몬 베유의 사유에 크게 기대고 있음을 여기서 꼭 언급하고 싶다.

현대 도덕철학은 대부분 소박하고 낙관적인 양상을 보인다. 소박한 낙관주의는 두말할 필요도 없이 앵글로색슨 전통의 일부다. 어찌 보면 일상 언어에 기반을 두고 도덕 관련 개념을 분석하는 철학이 평범한 성취를 이룬 느즈러진 그림을 보여줄 수밖에 없다는 점도 당연한 일이다. 그런데 내 생각에, 드러난 모습은 상반되지만 이 비판은 실존주의에도 해당한다. 실존주의는 지성과 의지의 힘을 통해 진정한 실존의 모습이 드러난다고 말한다. 원기를 돋우고 자기만족이 스며드는 분위기에서 실존주의 철학을 읽으면서 독자는 자신이 엘리트 작가에게 인정받는 또 하나의 엘리트라는 느낌을 얻는다. 일상적 인간 조건을 향한 경멸은 개인적 구원을 향한 신념과 어우러져 극심한 비관론으로부터 실존주의 작가를 구원한다. 작가의 어두운 면은 그저 피상적인 것으로 득의양양한 자신의 모습을 감추는 데 사용될 따름이다.(방식은 다르지만 사르트르와 하이데거가 모두 여기에 해당한다는 것이 내 생각이다. 내가 하이데거를 제대로 이해하고 있는지는 잘 모르겠지만.) 이제는 자취를 찾아보기 어려워진 기독교 신학의 이미지는 이런 태도와는 대조적이다. 기독교 신학에서 선은 불가능에 가까울 만큼 얻기 어려운 것으로 원죄는 거의 극복 불가능한 것인 동시에 의심할 바 없는 보편적 조건으로 표상된다.

　그나마 현대 심리학은 원죄의 교의라 할 만한 것을 우리에게 제공한다. 그리고 이런 교의에 대해 대부분 철학자는 부정(사르트르) 혹은 무시(옥스퍼드와 캠브리지 철학자)하거나 그저 해롭지는 않은 것 정도로 취급하려 애쓴다(햄프셔). 여기서 현대 심리학은 다름 아닌 프로이트의 작업을 말한다. 나는 '프로이트주의자'도 아니고 그가 제시한 이런저런 세세한 주장에 대해 여기서 왈가왈부하고 싶지도 않다. 그러나 분명 프로이트는 인간 정신과 관련해서 중대한 발견을 했고 그가 개창한 영역에서는 여전히 가장 위대한 과학자로 자리매김하고 있다. 그는 타락한 인간의 모습을 우리에게 현실적이고 세밀하게 보여주었다고 말할 수도 있다. 만약 그 인간상의 대요(大要)를 진지하게 받아들이면서 도덕철학을 개진하려 한다면 의지와 동기 개념에 대한 지금의 이해는 대폭 수정되어야 할 것이다. 그런 목적에 비추어보면 프로이트 이론에는 다음과 같은 진리성과 중요성이 있는 듯하다. 프로이트는 인간 본성을 철저히 비관적으로 보았다. 영혼은 유사-기계적인 에너지를 바탕으로 한 자아 중심적 체계로 주로 개인사(個人史)에 의해 규정되고, 그 개인사에 자연적으로 부속되는 사태들은 성적(性的)이고 모호해서 그 주체가 이해하거나 통제하기 어렵다. 내성(內省)은 그저 마음 깊은 곳에 있는 동기의 양면성을 들추는 일에 불과하다. 환상은 이성보다 더 강력한 힘이다. 객관성과 탈이기심(脫利己心)은 인간 본성이 아니다.

　물론 프로이트의 이런 언급은 과학적 치료의 맥락에서 읽어야 한다. 치료는 사람을 선하게 하는 것이 아니라 살 수 있게 하는 것이 목적이다. 도덕철학자가 이런 말을 한다면 그는 과학적 논증이 아니라 철학에 걸맞은 논증으로 자신의 주장을 정당화해야 한다. 사실 이런 주장이 그리 새삼스러울 것은 없다. 플라톤 시절로 거슬러 올라갈 만큼이나 오래전부터 이와 비슷한 견해가 있었기 때문이다. 그럼에도 프로이트나 그 계승자를 중요시해야 하는 이유는 과학의 도움 없이도 식별할 수 있는 보편적 본성을 가진 메커니즘에 대해 그들이 더 많은 정보를 제공할 수 있어서이다. 그리고 또 다른 이유는 심리학을 간과하면 오히려 혼란이 일어날 수도 있어서이다. 몇몇 철학자(예를 들어 사르트르)는 전통적인 정신분석이론을 일종의 결정론으로 간주하고 전면적인 반박 태세를 취한다. 또 일부 철학자는 그들의 관심사일 수밖에 없는 정신 관련 사안에서 그 이론이 과학에 너무 쉽게 백기를 들어버리기 때문에 정신분석 이론을 무시한다. 그러나 하나의 총체적 철학 이론으로서의 결정론은 이들의 적수가 아니다. 철학 이론으로서 결정론은 제대로 자신을 증명한 적이 없다. 인간은 스스로 결정하고 관점을 형성하므로 인간에 대한 명제를 자연과학적 중립 언어로 번역하기란 원칙적으로 불가능하다는 주장도 제기될 수 있다.(햄프셔가 이에 관해 간략히 논의하는 그의 책『개인의 자유(*The Freedom of the Individual*)』마지막 장을 참조하라.) 정작 여기서 문제는 인간이라는 자아 중심적 종(種)의 기계적 에너지를 통해 인간 행위의 상당 부분이 움직인다는 사실을 도덕철학 내부에 수용하면서 그 사실의 취급 방법을 제시해야 한다는 것이다. 도덕적 삶의 적(敵)은 가차 없이 잔인하며 비대한 자아다. 도덕철학은 과거에 간혹 그랬듯이 이 자아에 대한, 그리고 (만약 그런 것이 존재한다면) 그 자아를 물리치는 기술에 대한 적절한 논의여야 한다. 이런 점에서 도덕철학에는 그 목적에서 종교와 상통하는 면이 있다. 이렇게 되면 도덕철학이 중립을 지향해야 한다는 따위의 주장은 당연히 부정될 수밖에 없다.

선한 사람이란 어떤 사람일까? 우리 자신이 도덕적으로 더 나은 사람이 될 방법은 무엇일까? 과연 그렇게 **될 수는** 있는 것일까? 철학자가 그 대답을 모색해야 하는 질문은 바로 이런 것이다. 반성해보면 우리는 선한 사람에 대해 아는 바가 그다지 많지 않음을 깨닫게 된다. 역사 속에는 전통적으로 선한 사람으로 간주되는 이들(예수, 소크라테스, 기타 성인들)이 존재한다. 그러나 찬찬히 살펴보면 이들에 대한 정보가 불충분하고 모호하다는 것을 알게 된다. 그리고 그 위대성이 표출된 실제 상황과는 달리 우리가 그들을 이해하는 과정에서 주로 좋은 점만으로 살을 붙이기 전 그들 자신의 말은 사실 단순하고 직접적이다. 현 시대에 이에 해당할 만한 선한 사람이 있는지 찾아보거나 그런 사람을 알고 있다면 그들은 유명하지 않은 사람일 가능성이 크다. 그리고 좀 더 꼼꼼히 살펴보면 그런 사람은 매우 나약하다는 사실이 드러날 것이다. 선은 드러나는 빈도수가 너무나 낮고, 드러난다 해도 형용 자체가 너무 어렵다. 선한 사람이라는 그림에 걸맞은 인물은 어쩌면 단순한 사람, 식구 많은 집의 그다지 야무지지 못하고 자신을 챙길 줄 모르는 엄마 같은 사람일 것이다. 그러나 이 역시 딱 들어맞는 예는 아니다.

서양 도덕철학 대부분에서, 신실성에서 그 힘을 얻은 것으로 보이는 옳음 관념이 선(그리고 덕) 관념을 대체했다는 사실은 의미심장하다. 이는 어느 정도 인간 행위의 영원한 바탕이 사라져버린 데서 말미암은 자연스러운 결과라고도 할 수 있다 — 신이거나, 이성이거나, 역사이거나 그도 아니면 자아가 제공했던 그 영원한 바탕. 마치 바늘처럼 얇은 행위자는 선택 의지가 섬광처럼 발동하는 찰나에 자기 모습을 드러낸다. 그런데도 실존주의 자체, 적어도 프랑스와 앵글로색슨 전통에서 생겨난 가지각색의 실존주의에서는 일정 수준의 솔직함을 동반하면서 자신의 전제가 품은 역설을 여실히 드러냈다. 사르트르는 우리가 숙고하는 사이에 주사위는 이미 던져졌다고 말했고, 옥스퍼드 철학은 동기에 관한 진지한 이론을 전혀 발전시키지 않았다. 기실 행위자의 도덕적 질(質)이라 할 수 있는 자유가 실존철학에서는 행위자의 선택에 자리 잡고 있다. 그러나 그 선택에 이르기까지 행위자가 거쳐야 하는 과정에 대해 실존철학은 말하지 않는다. 사르트르는 허세를 부리며 일종의 선(先) 실존적 조건을 통해 우리가 선택한다는 사실을 인정하는 듯하지만, 혼란스럽게도 이런 조건 역시 우리의 선택이라 일컫는다. 리처드 헤어는 '의도' 같은 심리적 자료의 확증은 철학적으로 난해하고, 도덕적 견지에서 인간은 그가 실제로 행하는 선택의 집합이라고 말하는 편이 차라리 낫다고 주장한다. 사르트르는 가시적인 동기가 반드시 행위로 연결되지는 않는다는 점을 들어 무책임한 자유라는 관념은 일종의 선명치 않은 공리 같은 것이라고 주장한다. 동기는 '내성'에 쉽게 굴복하지 않는다는 주장은 많은 영국 철학자가 동기를 밀쳐두고, 그 대신 '근거'만을 이야기할 때 그 구실로 삼는 것이다. 이런 견해는 모두 도덕적 순례자에게 별 도움이 되지 않을뿐더러 심각하게 비현실적이 아닌가 싶다. 도덕적 선택이란 자못 불가사의한 것이다. 칸트도 그렇게 생각했다. 그는 도덕적 선택을 순수한 이성적 행위자와 탈개인적 메커니즘 사이에서 불지불식간에 존재하는 균형이라고 규정하며 그 불가사의함을 묘사했다. 여기서 행위자와 메커니즘 중 그 어느 쪽도 우리가 보통 인성(人性)이라 여기는 것의 모습을 띠고 있지 않다. 이런 면에서 실존주의 철학은 흔히 은폐되어 있지만 대부분 칸트주의적이다. 그런데 선택이라는 행위의 불가사의함을 꼭 이런 식으로만 받아들여야 하는 것일까?

프로이트를 통해 우리는 '그 메커니즘'이 극도로 개별적이고 개인적인 동시에 매우 강력한, 그 메커니즘의 담지자조차 쉽게 이해할 수는 없는 것으로 묘사될 수 있음을 알게 되었다. 정신분석에서 자아는 분명 충분히 실체적이다. 실존주의의 선택 개념 이해 방식은 초현실적 실존주의든 이성적 실존주의든 비현실적이고 지나치게 낙관적이며 낭만적이라 할 수 있다. 행위자 자신의 삶에 일종의 지속적인 바탕이 되는, 적어도 그 정도의 역할은 하는 존재를 무시하고 있기 때문이다. 이 바탕은 분명 선과 악의 비밀이 파헤쳐지는 장소인 삶의 뒤엉킴 속에 존재한다. 지금 다룬 자유, 신실성, 의지의 절대 명령 등 우리를 고무하는 관념도, 의무에 대한 이성적 분별이라는 평이하고 건전한 개념도 모두 우리가 진정 어떤 존재인지를 제대로 다루기에는 충분히 복합적이지 못한 듯하다. 우리 참 모습은 에너지에 휩싸인 불명료한 체계라 할 수 있지 않을까 싶은데, 그 체계로부터 선택과 가시적 의지 행위가 간헐적으로 출현한다. 그런데 그 출현의 방식은 모호하기 일쑤이고 선택의 순간과 순간 사이에 존재하는 체계의 조건에 좌우되기 쉽다.

사정이 이러하다면 이렇게 정식화할 수 있는 철학의 중심 문제 하나가 있을 법도 하다 — 선택의 순간이 도래했을 때 우리가 확실하게 옳은 행위를 할 수 있도록 본성상 이기적인 우리의 에너지를 정화하고 새로이 방향을 설정할 수 있는 기술(技術)은 존재하는가? 이어서 우리는 다음과 같은 질문도 던져야 할 것이다. 만약 그런 기술이 존재한다면 그것을 유사-심리학 용어, 아니면 아예 단순하게 설명해야 하는가, 아니면 좀 더 체계적인 철학적 방식으로 이야기할 수도 있는가? 내가 앞서 언급했듯이 선 관념으로 강력한 자아 중심적 메커니즘에 맞서기는 거의 불가능하다는 비관론적 견해는 이미 오래전부터 전통 철학과 신학에 존재해왔다. 플라톤이 이런 상황에 걸맞은 것으로 생각한 기술이 있는데, 이에 대해서는 나중에 다시 논하겠다. 이보다 훨씬 더 우리와 가깝고 친숙한 것은 종교적 기술이고, 그중 가장 널리 실행되는 기술은 기도(祈禱)이다. 신이 없는 세계에서 그에 상응하는 기술은 무엇일까? 그리고 그 기술은 우리의 중심 문제에 최소한 일부라도 해답을 줄 수 있을까?

기도는 엄밀히 말해서 기원(祈願)이 아니라 오로지 사랑의 형상인 신에게 그저 관심을 쏟기만 하는 행위이다. 그리고 은총, 즉 인간 각자의 경험적 한계를 스스로 뛰어넘으려는 노력에 도움의 손길을 내미는 초자연적 힘이라는 관념이 관심과 함께한다. 여기서 이 관심이란 어떤 것인가? 신앙인이 아닌 사람도 그런 행위를 통해 은덕을 입을 수 있는 것인가? 관심의 전통적 대상으로는 어떤 것이 있는지, 그리고 관심이 기도하는 사람에게 어떤 방식으로 영향을 끼치는지 살피면서 이 문제에 대한 답을 찾아보자. 나는 신을 이렇게 규정하고 싶다. 신은 **단일하고 완전하면서 초월적이고 형용 불가능한 존재이자 필연적으로 관심의 실재 대상**이었다.(혹은 이다.) 그리고 나는 도덕철학이라면 이런 특성들을 모두 갖춘 중추적 개념을 유지하는 노력을 반드시 기울여야 한다고 말하고 싶다. 넓게 보면 이 특성들은 서로 갈마들고 겹치지만, 그래도 하나하나 따지면서 살펴보겠다.

우선 관심 대상이라는 관념을 살펴보자. 신앙인은 운 좋게도 생각의 초점을 에너지의 근원이 되는 어떤 것에 맞출 수 있는 위치에 있다. 그가 모시는 신이 인간의 모습을 하고 있다면 더더욱 그렇다. 이런 초점 맞추기는 그에 따른 결과가 그렇듯이 인간에게 자연스러운 것이다. 사랑에 빠졌을 때를 생각해보라. 또 사랑에 빠지지 않으려고 애쓸 때 역시 생각해보라. 그럴 때 관심을 돌릴 만한 다른 대상이 얼마나 절실한가. 성애(性愛) 감정,

혹은 증오, 원한, 질투 같은 강력한 감정 앞에 '순수 의지'는 대개 옴짝달싹 못 한다. 스스로 '사랑에 빠지지 말자, 원한을 품지 말자, 공정하자'고 되뇌어봐야 별 소용이 없다. 정작 필요한 것은 다른 근원을 통해 다른 에너지를 공급할 새로운 방향 설정이다. 방향 설정이라는, 그리고 바라봄이라는 은유에 주목하라. 신칸트주의적 실존주의에 '의지'는 순수한 운동 원리이다. 그러나 그 원리는 우리가 다른 방향을 설정한다는 것이 어떤 것인지를 설명하려는 순간, 너무나 초라해진다. 의도적으로 사랑에서 빠져나오려면 의지의 도약이 아니라 관심을 쏟을 새로운 대상이 필요하고, 그렇게 초점을 재설정하면서 우리는 새로운 에너지를 얻는다. 사실 방향 설정의 은유는 한편으로는 가시적인 '의지를 동반한 노력'을 기울이는 순간도 포괄한다. 그러나 의지의 가시적 노력은 전체 상황으로 볼 때 단지 일부분일 뿐이다. 관심 대상이 되는 신이 (주로 좋은) 에너지의 강력한 근원임은 심리적 사실이다. 가치 있는 것들에 관심을 모으면 우리 모두가 도덕적 도움을 받게 된다는 것도 심리적 사실이자 도덕철학에서 중요한 요소이다 — 덕이 높은 사람, 훌륭한 예술, 그리고 아마도 (나중에 다시 논의하겠지만) 선 관념 자체. 인간이라는 존재는 역시 본성적으로 무엇인가에 '애착을 품지만', 그 애착이 고통스럽거나 그릇된 것으로 보이면 지체 없이 다른 애착의 대상이 그 자리를 차지한다. 관심 쏟음의 시도가 이런 과정을 부추길 수도 있다. 여기에는 이상스러울 것도 신비스러울 것도 없다. 그리고 부분적으로, 어쩌면 상당 부분 우리가 평소 관심 쏟는 대상의 질(質)에 따라서 '때가 왔을 때' 훌륭하게 행위하는 우리 능력이 결정된다는 사실 역시 이상스러울 것도 신비스러울 것도 없다. '무엇이든 참된 것, 무엇이든 정직한 것, 무엇이든 공정한 것, 무엇이든 순수한 것, 무엇이든 사랑스러운 것, 무엇이든 좋은 평판을 얻

는 것을, 덕이 존재한다면, 찬양이 존재한다면 생각하라, 그런 것들을.'[1]

　가치는 **일원적**(一元的)일 수밖에 없다는 생각, 나아가 단일하면서도 지고(至高)한 가치 개념이 반드시 존재할 수밖에 없다는 생각은, 어찌 보면 신 관념을 포기하는 순간 명명백백함을 잃는다. 다른 여러 종류의 독립적인 도덕 가치가 존재하면 왜 안 되는 것일까? 왜 여기서는 모든 것이 하나여야만 하는가? 온 세상의 정신병원은 모든 것은 하나라고 믿는 사람들로 가득하다. '모든 것은 하나'라는 생각은 최상의 단계를 제외하면 모든 단계에서 위험한 오류라 할 만하다. 도대체 그 일자(一者)를 알아볼 수나 있는가? 그럼에도 분명하다 아니할 수 없는 것은 도덕 세계에 단일성이 존재한다는 믿음, 그리고 나아가 계층적 질서도 존재한다는 믿음이 심리적으로 중요한 요소라는 점이다. '어쨌든 모든 것이 말은 되어야지' 혹은 '이게 최상의 결정이야' 등의 생각은 절망에 맞서는 보호막이다 — 난점은 어떻게 진실을 직면하면서도 이처럼 위안을 주는 생각을 즐길 수 있느냐는 것이다. 어떤 생각을 위안으로 삼는 순간, 그 생각을 왜곡하려는 경향은 강해진다 — 그래서 변질하기 쉬운 신 관념을 어떻게 신앙인의 마음속에 보존할 수 있느냐는 전통적인 문제가 존재할 수밖에 없다. 사실, 지성은 그 본성상 단일성을 추구한다. 과학의 경우에도 일원성을 추구하는 과학자는 항상 대우받는다. 그러나 어떻게 이처럼 위험한 관념이 도덕에 쓰일 수 있는 것일까? 이 판단을 '일상 언어'에게 요청해봐야 아무 소용 없다. 우리가 다루는 개념은 일상 언어 혹은 일상 어휘와의 결합이 분명한 언어에서는 드러나지 않는다. 일상 언어는 철학자가 아니다.

---

1) 「빌립보서」 4:8.

그러나 일상 언어 상황을 덕에 대한 반성적 사유의 출발점으로 삼을 수는 있다. 갖가지 덕 개념과 그것을 지칭하는 친숙한 어휘는 중요하다. 모호한 경험의 영역을 열어젖혀 좀 더 자세히 들여다볼 때 이런 개념과 어휘가 도움이 되기 때문이다. 이런저런 덕의 공통적 본성에 대해 반성적으로 사유하면 각 덕들 사이의 관계에 대해도 끊임없이 고찰하게 될 것이다. 물론 하나의 체계적 형식으로는 쉽지 않지만, 덕들 사이의 '서열' 관념은 스스로 모습을 드러낸다. 이를테면 용기에 대해 숙고하면서 왜 우리가 그것을 덕으로 여기는지, 어떤 종류의 용기가 가장 훌륭한지, 또 경솔함, 광포함, 자기과시 등과 참된 용기는 어떻게 다른지 등을 묻는다면, 그 설명 과정에서 다른 덕을 거론하지 않을 수 없다.(한 사람으로 하여금 강제수용소에서 이타적으로 행동하게 하는 것과 같은) 최고의 용기는 견실하고, 차분하며, 온화하고, 지적이고, 사랑이 담겨 있다고…. 사실 이런 것 꼭 들어맞는 기술(記述)은 아니다. 그저 그럴 듯한 기술이다. 여러 덕이 통합된 세계에 하나의 최상 원칙이 존재하는지, 그리고 그 원칙의 이름이 사랑일지는 나중에 논할 것이다. 내가 여기서 제시하려는 바는 우리가 반성을 통해 도덕 세계를 바람직한 방향으로 일원화하는 경향이 있다는 것, 그리고 도덕적으로 정교해질수록 도덕 세계는 점점 더 하나로 수렴되어간다는 것이다. 공정하다는 것은 무엇인가? 우리는 공정함과 다른 덕 사이의 관계를 이해하면서 이 단어를 이해하게 된다. 이런 반성을 위해 선의 면면을 지칭하는 풍부하고 다양한 어휘가 필요하고, 한편으로는 반성을 통해 그런 어휘가 만들어지기도 한다. 현대 도덕철학의 단점은 서로 분리된 여러 덕에 대해 논의하려 들지 않는다는 것이다. 이들은 그보다는 신실성이나 진정성 혹은 자유 같은 몇몇 지배적 개념으로 바로 나아가기를 선호한다. 아니면 내 생각에는 검증되지도 않은 공허한 일원성 관념을 강요하면서 중요 영역에 자리 잡은 우리의 도덕 언어를 말라비틀어지게 만든다.

지금까지 '관심의 대상'에 대해, 그리고 벗어날 수 없는 '일원성'에 대해 이야기했다. 이제 세 번째로 '초월성'이라는, 훨씬 더 난해한 관념에 대해 살펴보겠다. 지금까지 했던 모든 이야기는 형이상학의 힘을 빌릴 필요가 없었다. 그러나 이제는 이런 질문이 제기될 수 있다 — 당신은 초월적 권위에 대해 말하고 있는가? 아니면 심리적 장치에 대해 말하고 있는가? 내 생각에 초월성이라는 관념은 어떤 형태로든 도덕에 속한다 — 그러나 그 관념을 풀어내기는 쉽지 않다. 여타의 숱한 거대하고 규정하기 어려운 관념들과 마찬가지로 초월성 관념 역시 그릇된 형식을 취하기 쉽다. 그릇된 일원성과 마찬가지로 그릇된 초월성도 존재하는데 현대 경험론자들이 만들어낸 것이다 — 초월성이라고는 하지만 실제적으로는 그저 배제에 불과한 것으로, 도덕을 감정 언어, 명법, 행위 패턴, 태도 따위로 채워진 그림자 같은 존재로 격하된 초월성. '가치'는 진리 함수의 세계, 즉 과학과 사실 명제의 세계에 속하지 않는다. 가치는 반드시 그 세계 바깥에 자리 잡아야 한다. 그러면 가치는 짐짓 인간 의지에 달라붙는다. 또 다른 그림자를 껴안는 그림자. 그리고 그 결과로 이른바 윤리학 관련 저서라고 일컫는 수많은 책이 실어 나른 바로 그 음산한 도덕적 유아론이 등장한다. 마르크스는 온갖 그릇된 초월성을 비판할 도구로 우리에게 소외라는 개념을 선사하기도 했다. 그렇다면 과연 진정한 초월성은 존재하는가, 아니면 인간의 필요에 따라 텅 빈 하늘로 끊임없이 쏘아 올리는 위안 어린 꿈일 수밖에 없는가?

이 문제를 여기서 빈틈없이 다루기는 어렵다. 누군가는 도덕이나 선이 실재론[2]의 한 형식이라는 주장에서 출발할 수도 있다. 진정 선한 사람이 사밀적(私密的)인 꿈나라에 산다는 생각은 받아들이기 어려워 보이기 때문이다. 물론 선한 사람은 극도로 특이한 사람일 수 있다. 그러나 두말할 나위 없이 선한 사람이라면 모름지기 자기 주변 일에 대해, 특히 타인의 존재와 그의 주장에 대해 잘 알고 있어야 한다. 도덕에서 (또한 예술에서도) 탁월성의 주적(主敵)은 개인적 환상이다 — 자기 바깥 존재를 볼 수 없게 하는, 과대망상과 위안을 희구하는 바람, 그리고 몽상의 짜깁기. 릴케에 의하면, 세잔은 '좋아!' 정도가 아니라 '바로 이거야!'라고 말할 만한 그림을 그렸다. 이는 쉽게 도달할 수 없는 경지이다. 예술도, 도덕도 훈련이 필요하다. 이쯤 되면 예술은 도덕의 가장 탁월한 유비라고, 혹은 이런 면에서 보면 실은 도덕의 한 사례라고 주장하는 사람도 있을 수 있겠다. 우리는 자기 외부에 존재하는 자연 대상, 어려운 처지의 사람 등에 대해 관심을 쏟으려고 발걸음을 멈춘다. 환상의 침입과 자기 과시, 그리고 실재 세계의 트릿한 반영 따위는 시답잖은 행위에서보다 시답잖은 예술 작품에서 오히려 더욱 여실히 드러나기도 한다.

　관심 쏟음이 자아를 벗어나 적절한 형태로 외부를 지향해야 한다는

---

2) 여기 '실재론'은 'realism'의 번역어이다. 'realism', 'realistic', 'realist'는 각각 '사실(현실)주의', '사실(현실)주의적', '사실(현실)주의자'라고 번역할 수 있지만, '실재론', '실재론적', '실재론자'라고 번역할 수도 있다. 그리고 이 두 가지 번역 방식은 머독의 철학에 비추어 보면 커다란 차이가 있다. realism은 관념론(idealism)에 대비되는, 즉 지식의 대상이 관념이 아니라 관념 외부에 있다고 믿는 사유 방식이다. 그래서 근대 이후 철학에서는 인식 주관에 대비되는 객관적 대상에 지식의 초점을 맞추는 이론을 realism이라 일컫는다. 그러나 근대 이전 철학, 특히 플라톤 철학에서 말하는 realism은 통상 '객관적 관념론'이라 일컬어지는 것으로 근대 이후 철학에서 말하는 realism과는 전혀 다른 것이다. 이런 철학에서는 관념은 주관이 만들어내는 것이 아니라 객관적으로 존재하는 것이고 관념이 곧 실재다. 다시 말하면 근대 철학의 주관-객관 도식이 아닌 관념(형상)-질료 도식을 취하는 것이다. '사실주의'라는 번역은 기실 근대 이후 철학에서의 realism의 번역어로는 가능하지만, 근대 이전 철학의 번역어로는 합당하지 않다. 그런데 머독의 realism 개념은 기실 근대 이전 철학 개념에서의 의미도 포함하고 있다. 그런 이유에서 이 책에서는 기본적으로 realism을 '실재론'이라고 번역했고, 문맥에 따라 간혹 어쩔 수 없이 '사실주의', '현실주의'라는 번역어를 함께 사용했다. 그러나 이는 모두 realism을 지칭한다.

주장은 수긍할 만하다. 그러나 이는 실재론 관념에서 초월론 관념으로 향하는 긴 여정이 될 것이다. 어쨌거나 내 생각에 이 두 관념은 서로 결부되어 있고, 그 관계는 특히 아름다움을 이해할 때 현저하게 드러난다. 이때 이 두 관념을 연결하는 개념은 불멸성 혹은 불후성이다. 진정 아름다운 것은 '접근 불가능'한 것으로 소유하거나 파괴할 수 없다. 조각상은 파손되고 꽃은 시들며 경험은 멈춘다. 그러나 부패와 죽음이 훼손할 수 없는 무엇인가도 존재한다. 우리에게 위안을 주는 것은 대부분 가짜여서 불멸성 관념이 희뿌연 셸리[3]식 신비주의로 타락하지 않도록 막기는 쉽지 않다. 초월적인 인격 신 관념의 경우 이런 타락은 거의 불가피한 듯하다 — 신학자들은 지금 이 순간도 책상머리에 앉아 이 타락의 결과를 삭제하느라 여념이 없다. 아름다움의 경우, 예술 작품에서 발견되는 것이든 자연에서 발견되는 것이든 그 아름다움이 일시성(一時性)을 벗어나려면 형식의 완전성이나 '권위' 같은 개념과 연결되어야 할 텐데, 그런 개념들을 도덕 영역으로 옮겨오기는 쉽지 않다. 이 대목에서 나는 이것이 유비인지 예증인지 잘 모르겠다. 이는 마치 선함 자체를 볼 수는 없는 방식으로 아름다움 자체는 볼 수 있다고 말하는 것과 같다.(플라톤은 『파이드로스』 250E에서 이에 대해 언급했다.) 나는 아름다운 것의 초월성을 **경험할** 수 있다. 그러나 (내 생각에) 선한 것의 초월성을 경험할 수는 없다. 선한 행위는 딱 들어맞게 선을 포함하고 있지 않지만 아름다운 것은 아름다움을 반드시 포함하고 있는데, 왜냐하면 아름다움이 부분적으로 감각과 관련된 것이기 때문이다. 선을 초월적이라 할 때는 좀 더 복잡한 것, 설령 우리가 강제수용소에서 이타적인 사람을 본다고

3) Percy Bysshe Shelley(1792-1822). 영국의 대표적인 낭만주의 시인. 대표작은 「서풍찬가(Ode to the West Wind)」, 「종달새에게(To a Skylark)」, 「맵 여왕(Queen Mab)」 등이다.

해도 경험할 수 없는 것에 대해 말하는 것이다. 심지어 '신앙'이라는 단어를 동료 종교 단체를 몰아내는 데 사용하는 사람이 있을 수도 있다. 여기서 혹자는 종교적 느낌을 빼버리고 '신앙'이라는 단어를 사용하고 싶은 유혹을 느낄 수도 있겠다. '진정 좋은 것은 불후하고 불멸하는 것이다.' '이승에는 선이 존재하지 않는다.' 이런 말은 마치 고도의 형이상학적 진술로 들린다. 우리가 거기에 명료한 의미를 부여할 수 있는가? 아니면 그저 사람들이 '말하지 않고는 못 배기겠다고 느끼는' 정도의 말일 뿐인가?

나는 여기서 초월성 관념이 **완전성**과 **확실성**이라는 완전히 별개인 두 관념과 연결된다고 생각한다. 이에 관해서는 아래에서 좀 더 상세히 언급하겠다. 우리는 더 나은 행위로 향하는 '옳은 방향'이 존재한다는 것, 선이 '정말 중요하다'는 것을 확신하지 않는가? 그리고 표준이라고 할 만한 것의 존재를 확신할 때, 심리학적 용어를 비롯해서 어떤 경험론적 용어로도 환원될 수 없는 영원성이라는 관념을 떠올리게 되지 않는가? 초월적 대상이라면 순전히 관념의 형태로도 거기서 비롯한 심리적 힘이 존재하고, 이는 '관심'이라는 표제하에 앞서 내가 시도한 여러 고찰고 연결된다. 어쩌면 누군가는 여기서 좀 더 나아가 어느 정도 신비로움을 띨 수밖에 없는 이 대상에 심리적 힘 이상의 의미를 부여할 수도 있을 것이다. 하지만 프로이트나 마르크스를 통해 볼 수 있는 환원적 분석은, 더 높은 지평에서 조금의 흔들림도 없이 존재하는 형식이 여전히 분명하게 존재한다고 확신하면서 초월성 관념에 접근하는 이해가 타락해버린, 그런 형식에나 적합한 접근이다. 초월성 관념은 난해하다. 인정하지 않을 수 없다. 실재론, 세상을 뒤덮은 비참함과 사악함에 대한 눈 밝은 관조가 필연적으로 개입된 실재론을 영원불변한 선에 대한 의식과 연결하면서도 그 연결 과정에서 그 의식이 단순히 위안을 주는 백일몽이 되지 않게 할 방법은 무엇일까?(도덕철학의 중심 문제가 바로 이것이라는 것이 내 생각이다.) 또한 신앙인도 일종의 신비가도 아닌 사람이 각종 사례에 따라 다양하게 나타나는 선한 행위의 배후에 존재하는 선이라는 다른 지평의 '형식[형상]'을 포착한다는 것이 도대체 가능하기나 한 일일까? 차라리 이 선 관념을 여러 덕 사이 상호 연관이라는, 훨씬 더 쉽게 파악할 수 있는 관념으로 환원하면 안 되는 것일까? 순수하게 주관적인 의미로서의 판단 확실성이라는 관념도 덧붙여서 말이다.

이 지점에서, 위 질문에 답을 구할 때 자연스럽게 대두되는 서로 긴밀히 연관된 두 '속성'에 대한 고찰로 나아간다 — 완전성(절대적 선) 그리고 **필연적 존재.** 이들 속성은 사실 너무나 밀접히 서로 관련되어 있어 동일하다는 견해(존재론적 증명)가 있을 정도이다. 완전성 관념이 (점진적으로 쌓이는 공덕 혹은 개선이라는 관념에 반하는 것으로서) 진정 중요한 것인지, 그리고 어떤 역할을 수행하는지 궁금할 법도 하다. 그런데 이런저런 것을 재보고 비교하면서 그저 그것들이 얼마나 좋은지를 아는 것이 과연 그렇게 중요한 일일까? 우리가 흥미를 느끼거나 신경을 쓰는 분야라면 내 생각에 그렇다고 대답할 수 있을 성싶다. (이를테면 회화의 경우처럼) 인간 행위와 관련된 분야에 대한 이해의 깊이가 더해지면, 탁월함에 대한 안목도 높아진다. 그리고 그 와중에 아주 좋은 것은 정말 드물고, 완전한 것은 아예 존재하지도 않는다는 사실과 맞닥뜨리곤 한다. 인간 행위에 대한 이해가 높아지는 방식도 비슷하다. 우리는 규모, 거리, 표준을 이해하게 되고, 우리가 이전에는 '그냥 지나쳐'버렸을 법한 것을 이제는 탁월함에 비추어 부족한 것으로 간주하게 될 수도 있다.(당연하지만, 이런 변화가 관용의 미덕을 발휘하는 데 방해가 된다고 볼 필요는 없다 — 관용과 명료한 인식을 동시에 갖출 수도 있다. 아니, 관용에는 반드시 명료한 인식이 수반되어야 한다.) 완전성 관념은 이처럼 방향 감각을 더욱 예민하게 벼리는 방식으로 각 연구 분야에서 기능한다. 이런 주장이 그리 놀랍지는 않을 것이다. 환원주의자라면 비교 능력을 더 다듬을 수 있다고 해서 그 능력 너머에 무언가가 반드시 존재한다고 말할 수는 없다고 주장할 것이다. 그런 식이면 완전성 관념은 이를테면 공허한 것일는지도 모른다.

행위의 경우는 어떤지 살펴보자. '그러므로 너희도 완전하라'[4]는 말의 뜻은 무엇인가? '그러므로 너희도 조금 더 나아져라'라는 말이 더 그럴듯하지 않은가? 우리가 세운 기준이 지나치게 높으면 강박증에 시달릴 수도 있다고 경고하는 사람도 있다. 바로 이 맥락에서 사랑 관념이 필연적으로 등장할 수밖에 없지 않은가 싶다. 완전성 관념은 (예술가, 노동자, 행위자로서의) 우리 마음을 움직이고 나아가 변화시킬 수도 있는데, 이는 우리 내면에서 가장 가치 있는 부분인 사랑을 불러일으키기 때문이다. 그저 그런 예술가의 작품을 보면서 순일(純一)한 사랑을 느낄 수 없는 것처럼, 그저 그런 도덕적 기준과 대면해서는 순일한 사랑을 느낄 수 없다. 완전성 관념은 또한 그 본성상 질서를 만들어낸다. 완전성이 비추는 **빛**을 통해 우리는 언뜻 보기에 B와 비슷한 A가 실은 B보다 더 훌륭하다는 것을 알게 된다. 설령 우리가 어떤 식으로든 '완전히 이해된' 형태로 완전성이라는 최상의 관념을 소유하지는 못해도 이런 상황은 발생할 수 있다. 아니 반드시 발생하기 마련이다. 사실 완전성 관념의 본성상 우리가 그 실체를 온전히 이해할 수는 없다. 선의 '정의 불가능성'의 진정한 의미가 실은 바로 이런 것인데, 이것을 무어와 그 추종자는 그토록 얄팍하게 규정했던 것이다. 선은 언제나

---

4) 「마태복음」 5:48. 문장 전체는 "그러므로 너희도 완전해지라. 하늘에 계신 네 아버지가 완전한 것처럼."

저 너머에 존재하고, 그 피안성을 통해 **권위를 세운다.** 여기서 다시 완전성이라는 단어는 자기 자리를 찾는 듯하다. 완전성의 작용은 예술가의 작품에서 가장 명료하게 드러난다. 완전성은 흡사 외면적인 듯 보이는 방식으로 끊임없는 반복을 통해 예술가의 작품과 관계를 맺고, 진정한 예술가는 그 완전성이 보여주는 이해 방식에 철저히 복종한다. 물론 '나는 셰익스피어처럼 글을 쓰고 싶어'라든가 '나는 피에로[5]처럼 그림을 그리고 싶어'라고 되뇌며 완전성 관념을 '구현하려고' 노력하는 사람이 있을 수도 있다. 그러나 우리는 알고 있다, 셰익스피어와 피에로가 거의 신에 가깝기는 하지만 신은 아니라는 것을, 우리는 우리 자신의 것을 홀로 그리고 그들과는 다르게 해야만 한다는 것을, 그리고 재주와 비평이라는 지엽적 요소 저편에 신비롭지만 '공허하지는' 않은 선이라는, 표상되지 않으면서도 우리를 강하게 견인하는 관념이 오롯이 존재한다는 것을 말이다. 그리고 인간 행위의 영역도 이와 다를 바 없다.

어쩌면 이렇게 말할 수도 있을 것이다 — 위 주장은 노력 혹은 향상을 추구할 때의 심리 상태를 그저 경험적으로 일반화한 것이 아닌가? 그게 아니라면 당신은 그 주장이 어떤 위상이기를 바라는가? 결국 이는 '이런 방식은 효과가 있다'거나 '마치 존재하는 것처럼 그렇게' 정도로나 말할 수 있는 문제가 아닌가? 만약 여기 논의가 선[6]에 관한 것이 아니라 신에 관한 것이라면 어떤 답변이 가능한지 생각해보자. 신은 **필연적으로** 존재한다. 신을 제외한 만물은 우연

---

5) Piero della Francesca(1415-92). 이탈리아의 화가. 많은 제단화(祭壇畵)를 그렸다. 대표작으로는 「십자가 전설」이 있다.

6) 여기에서 머독은 선(Good)이라는 단어의 첫 글자를 대문자로 표기한다. 여기서는 항상 대문자로 시작하는 신(God)이라는 단어와 비교하면서 선의 첫 글자도 대문자로 썼지만, 이런 표기는 이 책 전반에 걸쳐 반복적으로 나타난다. 역자는 이를 대체로 '선 자체'로 번역했다. 그러나 이 구절처럼 문맥에 따라 어쩔 수 없이 '선'으로도 번역한 경우도 있음을 알린다.

적으로 존재한다. 이는 무슨 뜻인가? 존재론적 증명의 형식, 즉 최근 탈(脫)신화화 작업의 결과로 신학계에서 그 중요성이 대두하는 증명의 형식 말고는 신의 존재를 그럴듯하게 '증명'할 방법은 딱히 없는 듯하다. 그러나 잘 살펴보면 존재론적 증명은 증명이라기보다는 (이미 믿음이 있는 사람들에게만 적절한 것으로 받아들여지는) 신앙에 대한 명료한 단언(斷言), 다시 말해 일정 정도 경험에 근거해야만 확신을 가지고 내놓을 수 있는 단언처럼 보인다. 이 단언은 다양한 방식으로 제시될 수 있다. 신을 갈망하면 반드시 응답을 얻는다. 내가 이해한 신이라는 개념은 이미 신이 확실히 실재한다는 관념을 포함하고 있다. 신은 사랑의 대상으로서 유일무이하게 일체의 의심과 상대주의를 배제할 수 있는 존재다. 물론 이런 애매모호한 진술에 분석철학자들이 공감할 가능성이 거의 없다. 그들은 위 내용을 심리적 사실과 형이상학적 난센스로 치부할 것이고, 차라리 헨델의 '내 주가 살아 계시다는 걸 나는 **안다네**[7]라는 노랫말을 철학적 논증으로 받아들이는 편이 낫겠다고 비아냥거릴 것이다. '신'에 대한 그들 언급의 정당성에 대해서는 일단 차치하자 — 그러면 '선'의 운명은? 마찬가지로 쉽지 않아 보인다. 선 관념이 자체적으로 **포함하고 있을** 법한 확실성 관념에 우리는 어떤 지위를 부여할 수 있을까? 혹은 선을 갈망하면 반드시 보상받는다는 생각에는 어떤 지위를 부여할 수 있을까?(은총은 쉽게 세속화될 수 있는 개념이다.) 여기서는 '마치 존재하는 것처럼'이나 '효과가 있다' 등과는 다른 무언가가 정식화하는 듯하다. 물론 신의 경우와 마찬가지로 여기서도 '존재한다'라는 단어가 무게가 있는 물질적인 것을 내포한다고 착각해서는 안 된다. 하지만 마찬가지

---

7) 헨델의 오라토리오 「메시아」 No.45의 제목.

로, 순수하게 주관적으로 확실성에 대한 신념이 있고, 또 그 신념이 잘 준비된 심리학적 설명의 세례를 받는다 해도 이 문제에 대한 해답을 제시하기에는 충분치 못한 듯하다. 주도면밀한 언어 분석가는 진정 이 문제를 군더더기 없이 깨끗하게, 그 자신은 무해하다고 생각하는 방식으로 조각조각 갈라내어 분석할 수 있을까?

위 논의를 일단 멈추고, 앞서 규범적 의미로 사용했던 **실재론** 관념으로 회귀하면 실낱같은 한 줄기 빛이 비칠 수도 있다 — 즉 환상이나 착각의 상태에 있기보다는 실상을 아는 편이 더 낫다고 가정하는 것이다. 사실 인간은 실재 자체를 잘 견뎌내지 못한다. 하지만 실재를 직면하고자 노력하는 모습이 어떤 것인지, 그리고 그 직면의 기술은 어떤 것인지 등을 이해하면, '선 자체'에 부속된 필연성 혹은 확실성을 설명하고, 나아가 사랑 개념과의 관련 속에서 '의지'와 '자유'를 재해석하는 데 도움이 될 수 있다. 재차 언급하지만 예술이 그 실마리가 될 수 있다는 것이 내 생각이다. 예술은 환상 속에서 위안을 갈구하는 거의 불가항력적인 인간 경향을 드러내고, 이와 동시에 이런 경향에 저항하려는 노력, 그리고 실재를 성공적으로 보아낸 안목을 드러내는 가장 포괄적인 사례를 보여준다. 물론 이를 이루어내기는 매우 어렵다. 대부분 예술은 환상-위안이라는 형식에 머물러 있고 실재를 통찰하는 경지에 오른 예술가는 극소수다. 재능은 예술가를 위안하고, 과시하거나 개인적 집착과 소망을 투영하려는 목적으로 그림을 만들어내는 데 꾸준히 그리고 자연스럽게 소비된다. 자아를 침잠시키고 물리치기, 밝은 눈을 들어 자연에 대해 사색하고 묘사하기, 이는 도덕적 훈련을 요하는 쉽지 않은 일이다. 위대한 예술가는, 그의 작업을 통해 보면, 선한 사람이고 참된 의미에서 자유로운 사람이다. 예술 생산자처럼 소비자에게도 임무가 있다 — 예술가가 작품에 성공적으로 반영한 만큼의 실재를 볼 수 있고 작품을 '마술 같은 것으로 취급하지' 않을 정도로 충분히 훈련된 예술 감상자. 예술 혹은 자연이 드러내는 아름다움의 정수를 누린다는 것은 (물론 그런 경지에 도달하기는 어렵지만) 매우 쉬운 정신적 활동일 뿐 아니라 (단지 유비로서가 아니라 실제로) 좋은 삶에 진입할 때 쓸 수 있는 적절한 방법임이 분명하다. 왜냐하면 이처럼 아름다움을 **향유하면서** 우리가 그 실재를 보려는 목적으로 이기심을 억제하기 때문이다. 물론 위대한 예술가 역시 개성이 있는 '사람'이고 그만의 독특한 스타일이 있다. 심지어 셰익스피어조차도 가끔, 아주 가끔 개인적인 집착을 표출하곤 했다. 그러나 최상의 예술은 '탈개인적'이다. 진짜 세계를 보는 일은 우리에게 결코 익숙하지 않다. 그래서 그런 예술이 세계, 다른 어떤 세계도 아닌 우리 세계를 보여줄 때 드러나는 명증성에 우리는 깜짝 놀라기도 하고 매우 즐거워하기도 한다. 물론 예술가는 범형(範型) 제작자이기도 하다. 형식을 제창하고 '형식이 얼마나 많은 것'을 끌어낼 수 있는지 묻는 것이 예술의 주된 과제이다. 그러나 우리가 가장 깊이 감동하고 계몽될 때는 형식을 사용해서 참된 것을 획정하고 탐구하고 드러내 보여줄 때이다. 계몽된다. 플라톤에 따르면, **기예(技藝)**[8]

---

8) technai(τέχναι). 희랍어 테크네(τέχνη)의 복수형. 테크네는 희랍 철학의 핵심 개념 중 하나로 기술과 예술 모두를 아우른다. 후일 라틴어로는 '아르스(ars)'로 번역되었고, 아르스는 영어 '아트(art)'의 어원이 된다. 한편 '테크네' 자체는 영어 '테크닉(technique)'의 어원이 된다. 지금에 이르러서 '아트'라는 단어에서는 기술의 의미가 상당 부분 퇴색되고 대체로 예술의 의미로, '테크닉'은 예술보다는 기술의 의미로 쓰인다. 그러나 희랍 어원으로 거슬러 올라가면 이는 모두 '테크네'라는 단어에 포섭된다. 테크네의 번역어로 '기예'를 채택하는 것이 관례이기는 하지만 이 번역에는 많은 문제가 있다. 이처럼 번역어를 채택하게 된 이유는 아마도 '기술'과 '예술'이라는 테크네 개념이 포함한 두 가지의 의미가 '기예'라는 단어에 모두 들어 있기(기+예) 때문일 것이다. 그러나 무엇보다도 이런 의도와는 달리 '기예' 자체가 '기술+예술'이 아닌 독자적 의미, 즉 전적으로 기술도 아니고 그렇다고 전적으로 예술도 아닌 제3의 의미(중국 기예단을 상기해보라!)를 포함한다는 것이 문제다. 또 설령 그 번역의 의도대로 '기예'라는 단어가 '기술+예술'의 의미를 포함한다 하더라도 여전히 테크네 개념과는 그 외연이 다르다. 테크네는 오히려 기술, 예술의 공통분모 '술(術)'을 의미하는 개념이다(박종현 옮김, 『국가』 p.68, 각주 26번 참조). 다시 말해서 기술, 예술은 물론이고 학술, 변론술 등등 각종 목적(telos)에 도달하고자 사용하는 모든 수단과 지식을 총망라한 것이 바

에는 영혼의 가장 훌륭한 부분이 실재에서 가장 탁월한 것을 볼 수 있게 인도하는 힘이 있다(『국가』, Ⅶ, 532). 이 말은 위대한 예술이 맡은 교육과 현시(顯示)의 역할을 잘 묘사한다. 셰익스피어와 톨스토이 작품 속 등장인물이나 벨라스케스[9], 티치아노[10]의 그림을 완상(玩賞)하면서 우리가 무엇을 배우는지 생각해보자. 자아를 중심으로 정신없이 돌아가는 일상적 삶 속에서는 찾을 수 없는 명증성을 갖춘, 올바르고 연민 어린 작가의 시선을 통해 인간 본성의 실제 특질이 드러나고, 우리는 이를 배운다.

소유하지도 이용하지도 않으면서 또 자아라는 탐욕스러운 기관(器官)을 위해 전용(轉用)하지도 않으면서 진정 실재하는 것을 바라보고 사랑하는 방법, 위대한 예술이 그 방법을 우리에게 가르친다는 사실 역시 중요하다. 그 방법은 **초연함**이라 할 수 있는 것으로, 수행하기 어렵지만 가치 있는 일이다. 그 관조 대상이 인간이든, 나무뿌리든, 색깔이나 소리의 떨림이든 그렇다. 자연을 향한 담담한 관조는 초연함과 동일한 특질을 보여준다 — 이기적인 관심사는 자취를 감추고 지금 눈앞에 보고 있는 것 이외에는 아무것도 존재하지 않는다. 아름다움은 이처럼 독특한 종류의 탈이기적 관심을 이끌어낸다. 그리고 예술가 혹은 관람객에게 엄밀함과 좋은 안목이 어떤 역할을 하는지가 이 순간 분명하게 드러난다 — 담담한, 초연한, 탈이기적인, 그리고 객관적인 관심 쏟음. 이와 유사한 엄밀함이 도덕적 상황에도 필요하다는

로 '테크네'다. 그러나 이 책에서는 그런 번역상의 한계를 알면서도 관례를 무시할 수 없어 '테크네'를 '기예'로 번역했다. 이는 결국 '기예'를 하나의 개념어, 즉 '테크네'에 상응하는 번역어로 이해하는 셈이다.

9) Diego Rodríguez de Silva y Velázquez(1599-1660). 스페인의 화가. 당대 스페인 왕실의 인물을 그린 다수의 초상화가 있다.

10) Tiziano Vecelli(1488 또는 1490-1576). 베네치아 화풍을 확립한 이탈리아의 화가. 긴 생애에 걸쳐 「개를 데리고 있는 입상」, 「성모승천」 등 많은 작품을 남겼다.

사실 역시 분명하다. 나는 우리에게 선의 권위가 꼭 필요하다고 주장하고 싶은데, 왜냐하면 선에 요청되는 실재론(실재를 인식할 수 있는 능력)은 무엇이 진실인지를 인식하는 일종의 지적 능력이고, 그 인식이 실현되면서 자동으로 이 능력은 자아를 억누르기 때문이다. **그렇다면 선의 필연성은 사실을 나타내는 데 필요한 모든 기술(技術)이 갖춘 필연성, 그런 필연성의 한 측면이다.** 예술가의 실재론이든 행위자의 실재론이든 실재론을 이렇게 도덕적 성취로 다루면 자연스럽게 한 걸음 더 나아간 가정 하나가 도덕 영역에 세워진다 ― 진정한 안목은 옳은 행위를 야기함. 이 언명은 단순히 계몽적인 동어반복에 불과한 것일지도 모른다 ― 그러나 나는 경험에 호소함으로써 그 가정에 근거를 제공하는 것이 실질적으로 가능하다고 본다. 타인과 나의 분리와 차이를 실감할수록, 그리고 나 자신이 그런 만큼 타인에게도 욕구와 갈망이 있다는 사실을 깨달을수록, 내가 사람을 사물로 대할 가능성은 낮아진다. 그리고 위대한 예술을 위대하게 만드는 것이 실재론이라는 점 역시 일종의 증거로서 오롯이 남겨진다.

예술에서 찾은 실마리를 따라가며 이야기를 계속해보자. 진정 존재하는 것을 우리와 관계 맺게 하는 능력, 그래서 우리에게 선한 것을 주는 능력에 대해 더 심도 있는 물음을 던진다면 자연스럽게 연민이나 사랑이라는 관념이 대두할 것이다. 예리한 안목을 얻겠다고 자아부터 억제하는 것이 능사는 아니다. 위대한 예술가는 공정함과 연민을 담은 시선으로 앞에 놓인 대상을 바라본다.(그 대상이 슬프든, 멍청하든, 토라졌든, 심지어 사악하든 상관없이 이는 진실이다.) 그의 관심은 기적처럼 바깥을 향한다. 즉 모든 것을 거짓된 일원성으로 환원해버리는 자아를 떠나 깜짝 놀랄 만큼 다양한 모습을 보여주는 세계로 향하는 것이다. 그리고 그렇게 방향을 돌릴 수 있는 능력이 바로 사랑이다.

　이쯤에서 걸음을 멈추고 지금까지 드러난 인성, 즉 영혼의 모습에 대해 생각해볼 수 있겠다. 사랑할 수 있는, 즉 **볼** 수 있는 능력은 영혼을 환상에서 해방한다. 오직 인간만이 자유를 목적으로 삼는데, 여기서 자유는 바로 환상으로부터의 자유이고 이는 연민을 바탕으로 한 실재론이다. 내가 환상이라고 일컫는 것, 즉 분별없는 자기중심적 목적과 이미지의 증식(增殖)은 그 자체로 강력한 에너지 체계이고 흔히 '의지' 혹은 '의향'이라고 일컫는 것이 대부분 이 체계에 속해 있다. 이 체계에 저항하는 것이 바로 실재에 쏟는 관심으로, 이 관심은 사랑이 불러일으키고, 사랑을 바탕으로 구성되는 것이다. 예술과 자연에 관심을 쏟으면 곧바로 아름다움의 향유라는 보상을 얻는다. 그러나 도덕에는, 물론 보상이 뒤따를 때가 없지는 않으나, 보상이라는 관념이 썩 어울리지는 않는다. 자유는 엄격히 말해서 의지의 행사라기보다는 예리한 안목을 갖추는 경험으로, 적합한 상황이 발생하면 이 경험은 행위로 이어진다. 정작 중요한 것은 행위의 배후에서, 그리고 행위와 행위 사이에서 행위를 촉발하는 것으로, 이것의 자리야말로 반드시 정화(淨化)되어 있어야 한다. 선택의 순간이 도래할 즈음에는 아마도 관심의 질이 행위의 본질을 이미 결정한 상태에 있을 것이다. 이런 사실 때문에 의식적으로 준비된 동기와 실제 행위 사이에 묘한 불일치가 생기기도 하는데, 이런 불일치를 자유의 경험인 양 착각하기도 한다(불안). 물론 훌륭한 '의지를 동반한 노력'이 항상 쓸모없다거나 거짓이라고까지 말할 필요는 없을 것이다. 명백하고 즉각적인 '의향'은 일정한 역할을 할 수 있다. 특히 금지 요소로서는 말이다.(소크라테스의 다이몬은 오직 그에게 하지 말아야 할 것만을 말했다.)

이런 구도에서 신실성, 자기인식 등 요즘 각광받는 덕목은 그 중요성이 퇴색한다. 자유로움은 환상 메커니즘 바깥에 있는 것에 대한 애착을 통해 얻어지지 그 메커니즘 자체를 면밀하게 살펴본다고 얻어지지는 않는다. 그래 봤자 그 메커니즘의 힘만 강화되기 십상이다. 내가 보기에 '자기인식'은 자기 기관에 대한 미시적 이해라는 점에서 아주 단순한 층위에서가 아니라면 보통은 망상에 불과하다. 물론 치료 목적의 분석 결과로 일종의 자기인식 같은 것이 도출될 수는 있겠지만, '치료'를 위한 것이라 해서 근거 없는 인식을 진실로 바꿀 수는 없다. 타자만큼이나 제대로 관찰하기 어려운 것이 자아다. 그리고 밝은 안목의 단계에 도달하면 자아는 자연스럽게 점차 작아질 뿐 아니라 그다지 흥미를 끌지도 못하는 대상이 된다. 예술에서든 도덕에서든 이런 밝은 안목의 가장 큰 적은 바로 사도-마조히즘이라는 기술적 명칭이 부여된 체계다. 이 체계는 관심과 에너지의 방향을 끊임없이 자아로 되돌리면서 종국에는 선한 것의 그럴듯한 모조품을 만들어내는 지경에까지 이르는데, 이 과정에는 이 체계의 독특한 치밀함이 도사리고 있다. 조잡하고 비속한 자아도취 따위로는 파멸하지 않을 정도로 훌륭한 예술마저도 잘 다듬어진 사도-마조히즘으로는 파멸할 수 있다. 사람의 자아는 흥미로운 것이어서 그 행위 동기뿐 아니라 행위 동기의 가치 없음마저도 흥미롭다. 또 주인과 노예의 관계, 좋은 자아와 나쁜 자아의 관계로 알려진 너무나 이상스럽게도 결국엔 그처럼 기묘하게 타협을 보는 바로 그 관계 역시, 마음을 빼앗길 만큼이나 흥미롭다(고작 침대에서 끝나버리는 카프카의 악마와의 투쟁). 나쁜 자아는 고통을 견딜 준비가 되어 있다. 그러나 나쁜 자아가 선한 자아에게 복종하려면 두 자아가 서로 친구가 되고 그 복종이 상당히 쉽거나 적어도 즐거운 것이어야 한다. 현실 세계에서 선한 자아는 정작 너무나 작고, 선한 것처럼 보이는 자아는 대부분 선하지 않다. 진정한 선은 악의 친절한 군주가 아니라 치명적인 적이다. 여기서는 심지어 고통도 악마의 역할을 자임할 수 있고, 죄와 벌이라는 관념도 이 영리한 자아에게는 매우 정교한 도구가 될 수 있다. 고통 관념은 마음을 혼란스럽게 할 수도 있고 (예를 들어 '신실한 자아성찰' 같은) 특정한 맥락에서는 정화(淨化)라는 가면을 쓸 수도 있다. 물론 이런 일이 흔하지는 않다. 아주 심하지만 않으면 고통은 너무나 흥미로운 것이기 때문이다. 플라톤은 철학이 고통을 연구하는 것이라 말한 적이 없다. 그는 철학은 죽음에 대한 연구라고 말했고(『파이돈』 64A) 따라서 위 생각과는 얼추 비슷하지도 않다. 도덕적 진보가 고통을 수반한다는 말은 대체로 옳다. 그러나 그때의 고통은 새로운 방향 설정의 부산물이다. 결코 고통 자체가 목적이 될 수는 없다.

지금까지 사랑의 고유 대상인 실재에 대해, 그리고 자유로움을 주는 앎에 대해 이야기했다. 이제는 지금까지 계속한 논의 여기저기서 불쑥불쑥 등장한 이 '선'이라는 단어를 좀 더 분명히 이해할 차례이다. 도대체 선 자체가 '관심의 대상'일 수 있는가? 그리고 이 문제는 '실재에 대한 사랑'과 어떻게 관련되는가? 종교적인 기술(技術) 중 가장 심오하고 효과적인 것으로, 이를테면 기도를 대체할 만한 것이 있는가? 우리의 진정한 애착을 결정하는 관심의 질(質)이 선택 상황에서 발휘되는 의지의 힘과 파괴력보다 더 중요하다면 어떻게 우리는 그 관심을 변화시키고 정화시켜 더욱 실재적인 것이 되게 할 수 있을까? 의지는 잘못된 행위를 그저 이따금 제지하는 정도의 능력을 갖추었을 따름인데도 **부정신학적**(否定神學的)[11]으로 받

---

11) 여기서 의지를 부정신학적(via negativa)으로 취급한다는 말은 결코 의지를 부정한다는 뜻이 아니다. 오히려 의지를 신격화하는 태도를 이르는 것이다. 부정신학이란 신에 대해서는 긍정언명(신은 ~이다)을

아들여 우리가 발휘하는 유일한 혹은 가장 커다란 의식적 힘으로 취급할 수 있는가? 나는 기도와 유사한·어떤 것이 존재한다고 생각한다. 비록 그것은 설명하기 쉽지 않고, 자아라는 존재의 극단적인 교묘함에 의해 종종 조작되기도 하지만 말이다. 여기서 내가 염두에 두는 것은 유사종교적 명상 기법이 아니라 보통 사람의 도덕적 삶에 속한 것이다. 그것은 바로 관조인데, 성사(聖事)와 의식(儀式)이 점점 사라지는 세계, 그리고 자아를 실체적으로 파악하는 뿌리깊은 이해를 (여러 면에서 온당하게) 철학이 일소해버린 세계에서는 이해되기도 유지되기도 어려운 개념이다. 성사는 영혼의 내적이고 비가시적인 활동에 외적이고 가시적인 자리를 제공한다. 매우 조심스럽게 다루어야겠지만 성사 개념의 유비가 필요한 경우도 있을 것이다. 행태주의 윤리학은 그 중요성을 부정하는데, 행위에 우선하거나 분리된 채 '마음속에서' 어김없이 발생하는 이런 활동의 정체성을 의심하기 때문이다. 실제로 우리는 예술이나 자연의 아름다움을 이해하면서, 좋은 에너지의 원천이 되는 정신적 경험에 잠시 머무르곤 한다. 그러나 아름다움의 이해라는 영향력 있는 경험을 사람이나 행위를 대상으로 하는 상황까지 확장하기는 쉽지 않은데, 이는 명료하게 사고하고 순수하게 관심을 쏟기가 더 어려워지고, 그 명료함과 순수함의 의미도 모호해지기 때문이다.

바로 여기서 선 관념을 반성의 중심에 두는 일이 중요해진다. 또 여기서 정의 불가능, 표상 불가능이라는 선의 특성이 왜 중요한지도 알 수 있

적용할 수 없고 오로지 부정언명(신은 ~가 아니다)만을 적용할 수 있다는 신학적 견해를 일컫는다. 신을 부정언명으로만 규정해야 하는 이유는 긍정적 규정은 필연적으로 제한적일 수밖에 없고, 따라서 그것으로는 신의 무한성과 절대성을 표현할 수 없기 때문이다. 여기서 머독은 실존주의에서 주장하는 의지를 비판하면서 이를 부정신학적 신에 비유하는 것이다. 즉 실존주의적 의지는 긍정언명을 통해 무어라 규정할 수 없고 무엇이 아니다라는 부정언명으로만 규정할 수 있는 신과 같은 것으로 취급된다는 점을 지적하고 비판한다.

다. **초월적인 것은 의지가 아니라 선이다.** 의지는 가치 있는 목적을 위해 간혹 사용될 수도 있는 영혼의 자연적 에너지다. 선은 덕스럽고자 하는 의도가 다소 흐려진 안목과 (거의 항상 그렇듯) 공존할 때 관심이 향하는 초점이다. 앞서 말한 바와 같이 아름다움은 여기에서 선의 가시적이고 접근 가능한 면으로서 모습을 드러낸다. 선 자체는 비가시적이다. 플라톤은 선한 사람을 결국 태양을 볼 수 있게 된 사람으로 묘사했다. 나는 이 신화의 편린을 통해 무엇을 얻을지 분명히 확신한 적이 없다. 선이 관심의 중심 혹은 초점으로 표상된다는 말은 적절한 것 같지만, 경험도 표상도 정의할 수 없는 것이라는 점에서 선을 '가시적인' 것으로 간주할 수는 없다. 우리는 분명 태양이 어디 있는지는 어느 정도 알 수 있지만 태양을 보는 경험이 어떤 것일지는 쉽게 상상할 수 없다. 어쩌면 오로지 선한 사람만이 그 경험에 대해 알고 있는지도 모른다. 혹은 태양을 본다고 해도 어쩌면 그것은 그저 그 혁혁(赫赫)함에 눈이 부실 뿐 아무것도 보지는 못한 것일지도 모른다. 플라톤의 신화에서 완벽하게 의미가 통하는 것은 모든 사물을 그 진정한 모습 그대로 우리 앞에 드러나게 하는 빛의 원천으로서의 선 관념이다. 심지어 가장 엄밀한 지성적 문제에서도, 더더구나 고통과 사악함이 도사리고 있을 때는 말할 필요도 없이 올바른 안목이란 전적으로 도덕적 문제이다. 그와 동일한 가치들, 종국에는 하나(사랑)로 환원될 그런 가치들은 언제나 그리고 반드시 필요하다. 환상(자아)은 우리가 타인을 볼 수 없게 하는 것과 매한가지로 풀의 잎새도 볼 수 없게 할 수 있다. '좋은 것'을 알아보고 자아를 벗어나 순수하게 좋은 것에 관심을 쏟고자 하는 (보통은 부분적으로만 성공적인) 시도를 많이 할수록 도덕적 세계의 일원성과 상호 의존성에 대해 더 많이 알게 된다. 단일성을 추구하는 지성은 '신앙'의 모습을 띤다. 위대한 예술 작품에 대한 이해가 어떤 방식으로 증진되는지를 생각해보라.

선 자체에 관심을 쏟을 때 옳은 행위가, 그리고 교만 떨지 않는 자유가 설혹 그 결과물로서 자연스럽게 성취된다 할지라도, 목표로 삼아야 할 것은 선이어야지 자유나 옳은 행위일 수는 없다. 그리고 이 언명에는 단순한 말 이상의 의미가 있다고 나는 생각한다. 물론 옳은 행위는 그 자체로 중요하고 이를 이해하기는 그리 어렵지는 않다. 그러나 옳은 행위는 반성의 시작을 제공하는 것이어야지 반성의 결과를 제공하는 것이어서는 안 된다. 엄격한 의무의 영역을 꾸준히 확장하면서 이루어지는 옳은 행위는 덕의 적절한 규준이다. 또한 행위는 바람직하든 아니든 그 행위가 있게 한 애착의 배경을 분명하게 드러내곤 한다. 행위는 품위를 갖추기도 하지만 그 반대 경우도 있다. 어쨌거나 도덕의 목적이 단순히 행위가 될 수는 없다. 영혼을 실체적인 그리고 지속적으로 발전하는 애착의 메커니즘으로 이해하는, 더 긍정적인 방식을 택하지 않는다면, 다시 말해서 영혼의 정화와 방향설정을 도덕의 임무로 삼지 않는다면, '자유'는 자기과시로, '옳은 행위'는 일종의 임기응변적 공리주의로 쉽사리 타락한다. 과학주의적 경험론이 윤리학 연구를 완전히 삼켜버리도록 하지 않으려면 철학자는 그런 경험론의 손길이 미치는 영역 너머에 놓여 있는 관념들을 통해 우리의 자연적 심리 상태가 어떻게 변화 가능한지를 보여주는 용어법 개발에 노력을 기울여야 한다. 내 생각에 선 관념에 대한 플라톤적 은유는 여기에 적절한 그림을 제공한다. 물론 이 그림은 (내가 보기에 거의 모든 철학자가 지나치게 낙관하는) 자연적 심리 상태에 대한 실재론적 이해와 결합되어야 한다. 또한 인간 삶에 합목적성 같은 것은 결코 존재할 수 없다는 사실을 받아들이는 마음과도 결합되어야 한다. 선은 목적과는 아무런 상관이 없고, 사실상 목적 관념을 배제한다. '세상만사 헛되다'라는 격언[12]은 윤리학의 시작이자 끝이다. 우리 마음을 비롯해서 모든 '자연적'인 것은 우연의 지배를, 뒤집어 말해 필연의 지배를 받지 않을 수 없다. 선한 사람이 되는 유일하게 참된 방법은 그런 와중에도 '무목적적(無目的的)으로' 선한 사람이 되는 것이다. 기실 그 '무목적성'은 선 관념 자체의 비가시성 혹은 표상 불가능한 공백이라는 속성과 경험적으로 상관관계에 있다.

위에서 나는 진짜 문제를 다룰 준비조차 되어 있지 않은 과학주의적 경험론의 손아귀에서 인간 운명에 대한 사유를 구출하고자 새로운 용어법, 내 생각에는 더 실재적이고 덜 낭만주의적인 용어법이 도덕철학에 필요하다고 주장했다. 언어철학은 이미 과학주의적 경험론과 손을 잡기 시작했고, 대부분의 실존주의적 사유는 내가 보기에 낙관적인 낭만주의거나, 그도 아니면 분명 루시퍼주의다.(하이데거 개인은 실제로 루시퍼일 수도 있다.) 그러나 이 지점에서 누군가는 이렇게 말할지도 모르겠다. 당신이 하는 말은 정말 다 좋은 말이다. 그런데 유일한 난점은 그 말이 전혀 진실이 아니라는 것이다. 아마도 세상만사, 그래 **세상만사**는 진정 헛되다. 그리고 절망으로부터 사람들을 보호할 괜찮은 지적 방법 따위는 존재하지 않는다. 지금 세상은 절망적인 악으로 가득 차 있는데, 실재론 운운하는 당신이라면 이런 세상에 대해 온전히 현실적이어야 하지 않겠는가? 이처럼 거창하게 선을 거론해봤자 당신 말은 그저 신이라는 낡은 개념에 얄팍한 가면을 씌운 것에 불과하다. 그래도 최소한 '신'은 실제로 위안과 격려를 주는 역할이라도 한다. 하나의 인격으로서 사랑을 베푸는 신이라는 표현은 그래도

---

12) 전도서 1:2.

말이 되지만, 일개 개념에 불과한 선이 사랑을 베푼다는 표현은 말이 안 된다. '선'이 허구로라도 존재한다 치자. 그래도 선 개념에서 영감을 받을 만한, 아니 이해 정도라도 할 만한 사람은 거의 없을 것이다. 그나마 예외가될 만한 소수는 '신'에 대한 미련을 버리지 못한 채 일말의 희망이라도 움켜쥐려고 신 이미지에서 '선'이라는 개념을 꾸며내는 신비주의 경향이 있는 사람들일 것이다. 당신이 그린 그림은 순전히 상상의 소산일 뿐 아니라 하다 못해 실효성도 없어 보인다. 인간이라는 종(種)을 존속시키는 데에는 차라리 약간의 경험적 심리학, 아니면 약간 손질한 마르크시즘을 가미한, 뭇사람들이 좋아하는 단순한 공리주의적 그리고 실존주의적 사유에 기대는 편이 훨씬 낫다. 일상에서 작동하는 경험적 상식이야말로 이런 논의의 종지부를 찍는 것이어야 한다. 특화된 윤리적 어휘는 모조리 틀려먹었다. 낡고 진지한 형이상학적 탐구 따위는 하느님 아버지라는 고리타분한 개념과 함께 이제 사라지는 편이 낫다.

나는 위와 같은 주장에 스스로 절반 이상 설복되곤 한다. 충분히 공적이고 객관적인 것을 말하고 있는지, 아니면 자기 스스로 느끼는 두려움에 대항려고 자기 기질에만 특별히 해당하는 장벽을 세우는 것인지를 구별하는 것은 철학을 할 때 흔히 마주치는 어려움이다.(철학자에게 이 질문은 항상 중요하다 —그는 무엇을 두려워하는가?) 물론 두려운 것이 있다. 선한 사람이 되려는 시도가 의미 없어지거나 기껏해야 모호한, 별로 중요하지 않은 것이 되어버리는 것을, 혹은 니체의 묘사처럼 되어버는 것을, 또 위대한 예술의 위대성이 덧없는 환영일 수도 있다는 것을, 우리는 두려워한다. 내 논변의 '위상'과 관련해서는 나중에 또 간략히 언급하겠지만 확실한 것은 그런 두려움의 장면을 힐끗 보는 것만으로도 절망이 엄습한다는 사실이다.

하여간 본다는 것이 기실은 골칫거리다. 인격 신을 믿지 않으면 악은 전혀 '문젯거리'가 되지 않겠지만 그래도 악과 인간 고통을 제대로 보기는 거의 극복 불가능하리만큼 어렵다. 고통과 죄에 대한 상(像)을 왜곡해서 (이를테면 내가 앞서 언급한 사도-마조히즘적 장치를 통해서 그러듯이) 자신이 견딜 만한 것으로 조작하지 않고서, 타인 혹은 자기 내면에 존재하는 고통과 죄에 관심을 집중하기는 매우 어렵다. 이를 가능하게 하는 것은 오로지 최상의 위대한 예술뿐이다. 그리고 이는 위 난제가 어떻게든 해결될 수 있음을 보여주는 유일한 공적 증거이다. 비록 칸트의 숭고성에 대한 생각은 극히 흥미롭지만, 심지어 칸트가 스스로 요량한 것보다 어쩌면 더 흥미로울지도 모르지만, 그럼에도 그의 사유는 일종의 낭만주의다. 거대한 그리고 간담을 서늘하게 하는 장관이 눈앞에 펼쳐지면 보는 사람이 들뜨게 되는 것은 사실이지만 보통 이런 장관은 탁월함만 못하다. 실존주의 사유는 대부분 '생각하는 갈대'식의 반응에 기대는데, 이는 사실 일종의 낭만주의적 자기과시에 불과하다. 이런 것으로는 강제수용소에 있는 사람이 탈이기적인 행위를 하도록 이끄는, 그런 엄청난 힘을 끌어낼 수 없다. 그러나 인간사(人間事)를 연민의 눈으로 바라보려는 진지한 시도에는 자동으로 '이게 다는 아닐 거야'라고 생각하게 하는 무엇인가가 존재한다. '이게 다는 아닐거야'라는 되뇜이 모종의 유사-신학적 합목적성으로 훼손되지 않으려면, 반드시 통찰의 아주 작은 번뜩임, 말하자면 형이상학에 자리는 잡으면서도 형식은 형이상학적이지 않은 무엇인가로 남아야 한다. 내 생각에 이 번뜩임은 실재이고 위대한 예술은 그 실재성의 증거이다. 예술은 사실상 인간의 장난스러운 유희와는 거리가 먼, 인간의 가장 근본적인 통찰을 품고 있는 곳이다. 따라서 형이상학은 그 불안한 한 걸음 한 걸음을 끊임없이 옮기며 예술이라는 중추로 회귀해야 한다.

이런 나를 신비주의 엘리트라 일컫는다면, 나는 '엘리트'라는 용어만 거부하고 싶다. 물론 철학에는 독자적인 용어법이 있다. 그러나 철학이 묘사하려는 것이 반드시 일상의 삶에서 제거될 필요는 없다. 아니, 지금 경우에는 제거되지 않는다는 것이 내 생각이다. 언제나 도덕은 종교와, 종교는 신비주의와 연결되었다. 그 연결고리의 중간항이 사라지면 도덕은 확실히 더 어려운 상황에 놓이게 되지만 본질적으로 달라질 것은 없다. 도덕의 배경은 사실 일종의 신비주의이다. 여기서 말하는 신비주의가 선 자체의 실재성에 대한 비교조적이고 본질적으로 탈형식화된 신앙을 의미한다면, 그리고 경우에 따라 경험과도 연결된다면 그렇다. 덕스러운 무지렁이에게는 신학적 장치가 없거나, 있다고 해도 그것은 자신에게 맞춰 변형한 형태일 것이다. 그러나 그는 앎을 얻고, 계속해서 얻어갈 것이다. 물론 그렇게 알게 된 것을 말로 옮기려면 쩔쩔 매겠지만 말이다. 당연하게도 이런 주장은 설득력 있는 철학적 증명조차 따르지 않았고, 각종 경험적 근거를 통해 쉽게 반박당하기도 할 것이다. 그러나 나는 덕스러운 무지렁이가 전혀 의지할 곳이 없으리라 생각하지는 않는다. 전통 기독교적 미신은 악한 행위부터 선한 행위까지 모든 행위에 적용될 수 있는 것이다. 의심할 여지없이 새로운 미신은 존재할 수 있다. 그리고 여전히 몇몇 사람은 실제로 이웃을 사랑할 것이다. 내 생각에 '구원의 구조'는 (만약 그런 것이 존재한다면) 본질적으로 모든 이에게 동일하다. 여기에 복잡하고 비밀스러운 교의는 없다. 우리는 모두 엄격한 의무라는 대대로 물려받은 영토를 비판, 수정, 확장할 능력을 갖추고 있다. 선은 표상할 수도 정의할 수도 없는 것이다. 우리는 모두 언젠가는 죽어 없어질 수밖에 없는 존재다. 그리고 예외 없이 필연과 우연에 몸을 맡긴 존재다. 이런 것이 모든 인간은 형제라는 말의 참된 면면이다.

위 논변의 위상과 관련해서 덧붙일 말이 약간, 아니 어쩌면 아주 많이 있다. 논변이라는 측면에서 보면 이미 할 말은 압축적으로 다 했다. 철학적 논변은 거의 항상 결론 없이 끝나고 내가 한 말도 확정적인 결론을 도출한 논변이라 할 수는 없다. 그렇다고 이 논변이 실용주의 철학 혹은 '비유적인 (as if)' 철학에 속하는 것도 아니다. 누군가 '그러면 당신은 선이라는 관념이 존재한다는 것을 믿습니까?'라고 묻는다면, 내 대답은 이렇다. '아닙니다. 사람들이 신의 존재를 믿었던 방식대로라면 아닙니다.' 우리가 할 수 있는 것은 그저 경험의 특정한 영역에 호소하는 일뿐이다. 이를 통해 경험 대상의 특정한 면면을 짚어내고, 그 면면을 드러낼 때 필요에 따라 적절한 은유를 사용하고 적절한 개념을 고안할 뿐이다. 이는 더도 덜도 아니고 언어철학자 중 가장 경험론 쪽에 치우친 이들이 하는 일이다. 절대적 결정론을 뒷받침할 만한 철학적 혹은 과학적 증명은 존재하지 않는다. 따라서 경험론적 심리학의 메커니즘에 얽매이지 않는 자유로운 영혼의 부분이 존재한다는 생각은 최소한 용인될 수는 있다. 결코 쉽지 않은 일이지만, 이런 자유에 대한 주장 그리고 그 메커니즘 자체에 관한 엄격하면서도 대체로 경험론적인 견해가 결합할 수 있기를, 나는 소망한다. 그리고 우리 안에 존재하는 '자유'의 아주 작은 영역, 실재에 관심을 쏟고 선에 끌리는 그런 영역에 대해서도 똑같이 엄격한, 어쩌면 비관적인 해석을 내어놓기를, 나는 소망한다.

나는 일상에서 드러나는 사랑의 다양한 역할에 대해서는 이야기하지 않았다. 위대한 예술보다 오히려 보통 사람의 사랑이 선의 초월적 원칙을 뒷받침하는 더 파괴력 있는 '증거'가 아닐까? 플라톤은 이를 시작점으로 삼으려 했다.(플라톤에게는 여러 개의 시작점이 존재한다.) 우리는 사랑이 세상 무엇보다 중요하다는 사실을 어떤 점에서 인정하지 않을 수 없다. 그러나 일반적으로 인간의 사랑은 안목의 장소가 되기에 너무나 심각하게 소유적이고 한편으로는 '메커니즘적'이다. 여기에 사랑 자체의 본성과 관련된 역설이 존재한다. 가장 고귀한 사랑이 탈개인적인 면이 있다는 사실은 예술을 통해는 확실하게 볼 수 있다. 하지만 인간 관계에서는 아주 단편적으로만 보일 뿐 분명하게 보이지는 않는다. 한 번 더 말하지만 예술의 위상은 유일무이하다. 초월적인, 그리고 우리를 강하게 견인하는 중추로서 선의 이미지는 도덕적 삶에 대해 반성하는 과정에서 우리가 사용할 수 있는 가장 덜 타락한, 그리고 가장 사실적인 그림이다. 만약 여기에 철학적 '증명'이라 할 만한 것이 존재한다면, 그것은 도덕적 '증명'과 동일하다. 나는 특히 경험을 통한 논증에 많이 기대려 한다. 그런 논증은 우리가 선과 연결된 것으로 받아들이는 실재론과 관련돼 있고 위대한 예술에서 드러나는 사랑, 그리고 초연함과도 관련돼 있다.

　나는 이 글 전반에 걸쳐 '신은 존재하지 않는다'고, 종교의 영향력은 급속히 쇠퇴하고 있다고 전제했다. 이 두 전제는 아마도 비판의 여지가 있을 것이다. 의심할 여지가 없는 것은 도덕철학이 위축되고 혼란스럽다는 점, 그리고 여러 측면에서 신뢰를 못 얻어 불필요한 것으로 간주된다는 점이다. 철학적 자아가 소멸되고 과학적 자아가 그 자리를 의기양양하게 차지하면서, 허세로 가득 찬 그러나 안은 텅 비어 있는 의지라는 개념 속으로 윤리학은 빨려 들어갔다. 그리고 이것이 나의 주적(主敵)이다. 나의 적극적인 주장들이 얼마나 말이 되는지 나는 확신이 없다. 일원성 탐색은 매우 자연스러운 일이다. 그러나 매우 자연스러운 것 중 많은 것이 그렇듯이 그 탐색은 다양한 환영(幻影)을 산출하는 데 그칠 가능성도 있다. 내가 확신하는 것은 공리주의, 언어적 행태주의, 그리고 현대 실존주의가 내가 아는 형태로 라면 모두 부적절하다는 것, 아니 부정확하다는 것이다. 또 내가 확신하는 것은 이론 수학이나 순수하게 '실용성 없는' 역사학적 탐구의 중요도에 버금갈 만큼 순수한 활동으로서 그리고 토양이 비옥한 영역으로서 도덕철학은 보호되고 유지되어야 한다는 것이다. 과거에 윤리 이론은 사회적 영향력이 있었고 나아가 보통 사람에게까지 영향을 미치곤 했다. 미래에는 그러지 않으리라 생각할 이유는 없다. 집단적으로나 개인적으로나, 인류의 구원을 위해 예술은 의심할 바 없이 철학보다 중요하고 문학은 그중에서도 가장 중요하다. 그러나 순수하면서도 훈련된, 전문적인 사변으로서 철학을 대체할 만한 것은 없다 — 그리고 우리는 가치 있는 개념을 산출할 수 있다는 희망과 과학의 점점 더 강력해지는 힘을 계도(啓導)하고 억제할 수 있다는 희망을 예술과 윤리학이라는 두 영역에서 찾아야 한다.

3장

모든 개념 위에 군림하는 선

인간이라는 존재에게 의식의 발달은 은유 사용 방식과 밀접한 관련이 있다. 은유는 한갓 주변적 장식도, 편의상의 모델도 아니다. 은유는 우리 처지를 자각하게 하는 근본 형식이다 — 공간의 은유, 동작의 은유, 안목의 은유. 과거에 철학 일반, 특히 도덕철학은 우리에게 가장 중요한 이미지들을 다루면서 기존의 것을 명료화하여 새로운 것으로 발전시켰다. 그런 이미지-놀이(image-play)로 구성된 철학적 논변, 그러니까 거대한 형이상학적 체계는 통상 뚜렷한 결론이 없기 마련이고, 이것이 오늘날 많은 사상가가 이를 가치 없는 것으로 취급하는 이유이다. 물론 이런 논변의 위상과 가치에 대해 많은 문제가 제기되는 것은 사실이다. 그래도 은유에 의존하지 않고는 논의 자체가 불가능한 개념이 있다는 것이 내 생각이다. 그런 개념에는 은유가 깊이 배어 있어 이를 해체해 비(非) 은유적 구성요소로 변환시켜 분석하면 그 본모습을 잃게 된다. 현대 행태주의 철학은 몇몇 도덕적 개념에 대해 그런 방식의 분석을 들이대는데, 내가 보기에 별반 성과가 없다. 그런 시도를 하는 동기 중 하나는 도덕철학을 '중립화'해서 도덕에 관한 불편부당(不偏不黨)한 철학적 논의를 전개하겠다는 것이다. 즉 은유는 흔히 도덕적 색채를 띠는데, 이를 없애려고 보다 단순하고 평이한 용어를 사용한 분석을 고안하는 것이다. 그러나 이것 역시 내게는 오도(誤導)된 것으로 보인다. 도덕철학에서 한쪽 편을 드는 것은 피할 수 없는 일이고, 중립적인 척하는 철학자란 그저 티 내지 않고 한쪽 편을 드는 사람일 따름이다. 도덕철학은 모든 인간 활동을 통틀어 가장 중요한 면을 진단하는데, 내가 보기에 여기에는 두 가지 조건이 필요하다. 첫째, 그 진단은 실재적이어야 한다. 정신을 지닌 것으로 우리가 가정하는 다른 존재들의 본성과 달리 인간 본성에는 관찰 가능한 몇몇 속성이 있고 도덕에 관한 논의라면 반드시 이들 속성을 제대로 살펴보아야 한다. 둘째, 윤리적 체계라면 이상적인 것을 찬양해야 하고 그때 그 찬양의 대상은 그럴 만한 가치가 있어야 한다. 윤리학은 그저 일상적이고 평범한 행위를 분석하는 정도에 머물러서는 안 되고, 선한 행위란 무엇이고 어떻게 성취될 수 있는가를 획정해주는 하나의 전제가 되어야 한다. 어떻게 우리는 우리 자신을 더 나은 존재로 만들 수 있는가? 이 물음을 앞에 두고 도덕철학자는 답을 찾으려 노력해야 한다. 그리고 이런 내 주장이 틀리지 않다면 그 물음에 대한 해답 중 적어도 일부분은 설명적이면서도 설득력 있는 은유의 형식을 통해 드러날 것이다. 나 자신이 지지하는 은유에 대해, 그리고 한 사람의 철학자, 나로 하여금 그가 치켜든 기치 아래서 분투(奮鬪)하게 한 철학자에 대해 잠시 후 밝히도록 하겠다.

그러기 전에 우선 내 논변의 근본 전제 두 가지를 간략히 언급하고 싶다. 이 중 한 가지라도 부정된다면 이후 전개되는 내용은 별로 설득력이 없을 것이다. 나는 인간이 본성적으로 이기적이라고 전제하는 동시에 인간의 삶에 외적인 꼭짓점, 즉 목적(τέλος)[1]은 존재하지 않는다고 전제한다. 물론 극소수의 명백한 예외가 존재하기는 하지만, 인간이 본성적으로 이기적이라는 전제는 언제 어디서나 그 증거를 찾을 수 있는 진실이 아닌가 싶다. 이 이기심이라는 특질을 설명하고자 현대 심리학은 역사적으로 규정되는 개별자로서 스스로를 보살피는 데 여념이 없는 영혼(psyche)을 이야기한다. 사실, 영혼은 기계와 닮은 면이 있다. 작동하려면 에너지원이 필요하고, 특정한 패턴에 따라 활동하도록 방향이 미리 정해져 있다. 영혼이 자랑 삼는 선택의 자유 영역은 보통 그리 넓지 않다. 영혼의 주된 소일거리

---

1) 텔로스(telos).

중 하나는 백일몽이다. 영혼은 유쾌하지 않은 진실에 직면하기를 꺼린다. 보통 그 의식은 세계를 보는 투명한 창이 아니라, 고통으로부터 자신을 방어하기 위해 고안된 다소 이상스러운 몽상으로 이루어진 구름이다. 영혼은 끊임없이 위안을 추구한다. 위안을 얻으려고 상상 속에서 자신을 부풀리거나 신학적 성격의 허구를 꾸며대기도 한다. 영혼은 사랑을 실행하지만 그 사랑조차 자기과시에 불과할 때가 많다. 이처럼 자못 우울한 묘사에서 아마도 우리 자신을 찾아볼 수 있으리라고, 나는 생각한다.

인간 삶에 외적 꼭짓점, 즉 목적이 존재하지 않는다는 관점만큼 그 반대 관점도 논증하기 어렵기는 마찬가지이고, 나는 그냥 전자의 관점을 단언하겠다. 나는 인간 삶이 자기충족적이 아니라고 주장할 만한 어떤 명백한 증거도 찾지 못하겠다. 삶에는 갖가지 패턴과 목적이 존재한다. 그러나 보편적인, 이를테면 외적 보증을 얻은 패턴이나 목적, 과거에 철학자와 신학자가 무던히도 찾으려 애썼던 그런 패턴이나 목적은 존재하지 않는다. 눈에 보이는 대로일 뿐인 우리는 덧없이 죽을 수밖에 없는 일시적인 존재, 필연과 우연에 휘둘리는 존재이다. 내 생각에 이것이 뜻하는 바는 전통적 의미로서의 신은 존재하지 않는다는 것이다. 그리고 전통적 의미야말로 아마 신과 관련된 유일한 의미일 것이다. 본회퍼[2]는 '신은 우리가 신이 없는 것처럼 살기를 원한다'고 말했는데 나는 그가 어휘를 오용(誤用)했다고 생각한다. 그런 신은 이미 신이 아니다. 마찬가지로 이성, 과학, 역사 등 신이 차지했던 형이상학적 자리를 비집고 들어간 다양한 대체자 역시 그릇된 신성(神

2) Dietrich Bonhoeffer(1906-45). 독일의 루터교 목사이자 신학자. 반나치 운동으로 수차례 투옥되었다. 히틀러 암살 계획이 실패로 끝난 뒤 처형당하는데, 그의 처형일은 나치 항복 23일 전이었다. 대표작으로 『옥중서간』이 있다.

性)이다. 우리는 우리 운명을 살펴볼 수는 있다. 그러나 정당화하거나 완전히 설명할 수는 없다. 우리는 그저 여기 있을 뿐이다. 그리고 인간 삶에 어떤 형태이든 의미나 통일성이 존재하고 우리가 그것을 끊임없이 꿈꾼다면, 그것은 목적이나 신과는 다른 것이어야 한다. 그것은 인간 경험, 그 외부에는 아무것도 존재하지 않는 그런 인간 경험에서 찾을 수 있는 것이어야 한다.

물론 자기 안에 갇힌 삶, 목적 없는 삶이라는 관념이 비단 우리 시대에 국한된 절망의 산물은 아니다. 과학의 진보에 따른 자연스러운 산물이자 오랜 기간 발전해온 것으로 칸트에서 시작해 오늘날의 실존주의와 분석철학에 이르기까지 기실 진즉부터 철학사의 한 시대를 지배했던 관념이다. 철학의 이런 국면이 보여주는 두드러진 특성을 단적으로 말하면 이렇다 — 칸트는 신을 제거하고 신의 자리에 인간을 세웠다. 우리는 여전히 칸트적 인간의 시대, 다시 말해 칸트적 신인(神人) 시대에 살고 있다. 신 존재 증명이라 일컬어지는 칸트의 결정적 폭로, 즉 사변 이성의 한계에 대한 그의 분석은 그 화려한 언변으로 이성적 인간의 존엄성을 묘사한 초상과 맞물리면서 칸트 스스로도 당혹스러워 할 만한 결과를 낳았다. 『정초』에 그려진 아름답기 그지없는 인간, 심지어 그리스도와 대면해서도 고개를 돌려 자신이 소유한 양심의 판단을 고려하고, 자신이 소유한 이성의 목소리를 듣는 인간이야말로 오늘날 우리에게 그토록 친숙하고 잘 알려진 존재가 아니던가? 칸트 자신조차 허락했음직한 얇은 형이상학적 배경마저 벗어버린 그 인간은 자유롭고, 독립적이며, 고독하고, 강력하고, 이성적이고, 책임감 있고, 용감한 존재로, 그리고 도덕철학을 담은 수많은 소설과 철학서의 영웅으로 여전히 우리 곁에 살아 있다. 매력적이지만 우리를 오도하는 이 창조물의 존재 근거(raison d'être)는 멀리서 찾을 필요가 없다. 그는 과학의 시대가 낳은 자식으로, 자신의 영민함에 자신만만하면서도 자신의 발견을 통해 그 모습이 드러난 물질 만물로부터 스스로 소외되었음을 점차 깨닫는다. 그리고 그는 헤겔주의자가 아니어서(칸트야말로 소외 개념이 내뿜는 강력한 이미지를 서구 윤리학에 제공한 인물이다. 헤겔이 아니다.) 그 소외는 치료할 방도가 없다. 자유 국가의 이상적인 시민으로서 그의 존재는 전제군주들에 대한 하나의 경고나 마찬가지다. 그는 시대가 요구하며 찬탄해마지 않는 미덕인 용기를 갖췄다. 칸트에서 니체까지의 거리도, 니체에서 실존주의 및 여러 면에서 실존주의와 매우 닮은 앵글로색슨 계열의 윤리학설까지의 거리도 그리 멀지 않다. 사실, 칸트적 인간은 이미 칸트 당대로부터 거의 백 년 전 밀튼의 저작에 나타난 거룩한 육화(肉化)를 받아들인 것이다 — 그 이름은 바로 루시퍼.

칸트 이후 전개된 이런 유형의 도덕철학의 중심에는 가치 창조자로서의 의지라는 관념이 자리 잡고 있다. 전에는 신의 보증을 받으며 천상에 아로새겨졌다고 할 만한 가치들이 이제 인간의 의지 속으로 추락했다. 초월적 실재는 더 이상 존재하지 않는다. 그리고 선 관념이 정의할 수 없는 것, 공허한 것으로 남으면서 그 빈자리를 인간의 선택이 채웠다. 여기에 자유, 아니면 자유, 의지, 힘과 동일 개념이라고 할 만한 용기 정도가 도덕적 개념으로 군림하게 되었다. 이런 개념은 인간 행위 중에서 아득히 높은 상층에 자리 잡아 선택이 창출하는 이차적 가치를 보증한다. 청교도에서 유래한, 외견상 금욕적인 이런 철학이 강조하는 관념은 행위, 선택, 결정, 책임, 독립 등이다. 이 철학의 긍정적인 면은 인간 본성에 대한 이런 이미지가 정치적 자유주의에 영감을 주었다는 것이다. 그러나 흄이 현명하게도 일찌감치 알아차렸듯, 좋은 정치철학이 반드시 좋은 도덕철학은 아니다.

인상만으로 보면 사실 이런 철학은 금욕적인 것 같다. 그러나 그것이 다는 아니다. 혹자는 이렇게 물을 것이다. 이처럼 고독 속에서 온 책임을 다 짊어지는 인간, 그 엄격한 상(像)에 감정적 삶을 위해 남겨진 자리가 있는가? 사실, 감정이 의외로 중요한 자리를 차지한다. 칸트가 열어둔 뒷문으로 들어온 감정을 낭만주의 운동 전체는 뒤쫓았다. 청교도주의와 낭만주의는 자연스러운 짝이고, 여전히 우리는 그 둘의 결속과 더불어 살고 있다. 칸트는 감정과 이성의 관계에 대해 매우 흥미로운 이론을 개진했다. 공식적으로는 그가 감정을 도덕이라는 구조물의 일부로 파악한 적은 없다. 사랑을 언급하면서 그는 합리적 행위 문제인 실천적 사랑과 그저 감정 문제에 불과한 병리적 사랑을 구별하라고 말한다. 그는 이성의 명징(明澄)한 작용으로부터 난잡하고 격정적인 경험적 영혼을 격리하기를 원한다. 그래도 그는 『정초』의 각주에서 특정한 감정 하나에 부차적이기는 하지만 한 자리를 허락한다. 그 감정은 존경, 즉 도덕률에 대한 존경의 감정이다. 우리가 이 감정으로 의무를 인식하는 것은 아니다. 이는 그 인식에 수반하여 일어나는 일종의 고통스러운 자존감이다. 이 감정을 통해 우리는 실제로 자유(이는 실존주의의 불안 개념과 유사하다)를 경험하는데 이는 격정에 휩쓸릴지라도 우리에게는 또한 이성적 행위 능력이 있음을 깨닫는 것이다. 이런 개념과 밀접한 관계가 있는 것이 바로 칸트가 멋들어지게 개념화한 숭고성이다. 자연 혹은 인간의 운명이 짊어진 무시무시한 우연성에 직면하면서도 이성의 힘에 대한 자부심 찬 떨림과 함께 우리 자신으로 회귀할 때 우리는 숭고성을 경험한다. 그토록 비천한 존재이면서도 그런 우리 의식에는 얼마나 무한히 가치로운가. 아래에서 말하는 자는 사탄이 아니라 타락 천사 벨리알(Belial)이다.

누가,

비록 온갖 고통에 시달릴지언정, 이처럼 지적인 존재라면,

영원에 노니는 이 사상들을 잃겠는가….[3]

어쩌면 견딜 만도 하지만 여전히 고통스러운 떨림, 인간이 존엄성 있는 이성적 존재라는 위상에 오르면서 생긴 부산물인 이 전율과 함께 감정은 무대 복귀를 허락 맡는다.

칸트 자신의 철학에서는 각주로, 부차적 문제로 다루어진 감정이 훗날 그의 철학이 낭만주의 운동으로 발전된 국면에서는 중심 위치를 차지한다. 요컨대 낭만주의는 죽음 관념을 고통 관념으로 변형시키려는 경향이 있었다고 할 수 있다. 물론 인간은 아주 오랫동안 이 변형의 유혹을 받아왔다. 인간이 만들어낸 관념 중에서 연옥이라는 것만큼 위안의 힘을 발휘하는 것은 많지 않다. 선을 껴안으면서 겪는 고통을 통해 악을 되사는 일 — 이보다 더 만족스러운 일, 낭만주의자의 표현대로라면 전율을 느끼는 일이 또 있을까? 이 변칙적인 변형이야말로 사실 기독교의 핵심 이미지가 몸담고 있는 곳이기도 하다. 키르케고르의 후기 저작에 등장하는 그리스도를 본받음(Imitatio Christi)이라는 관념은 이 주제에 관한 낭만적 자기 몰두를 보여주는 탁월한 예다. 물론 위대하면서도 가장 사랑스러운 작가, 자신이 속한 사회에 몇 가지 진실을 말해주려고 큰 고난을 겪은 작가에게 낭만적 자기 몰두 운운하는 평가는 너무 가혹할지 모르지만 말이다. 고통을 겪는 자유라는 자못 짜릿한 관념은 칸트주의적 그림의 절반을 차지하는 청교도적 엄격성에 곧

---

3) 밀턴(Milton), 『실낙원』 2권, 142-51.

바로 생기를 불어넣기 시작했고 이와 더불어 죽음 관념을 길들이고 미화하는 방향, 즉 유사 죽음과 유사 덧없음에 대한 기묘한 숭배로 나아갔다. 죽음은 사랑의 죽음(Liebestod)[4]이 되어 고통스러우면서도 유쾌하거나, 나빠 봐야 매력적이면서 달콤한 눈물을 터뜨리는 정도에 그친다. 물론 여기서 내가 말하는 대상은 최전성기의 위대한 낭만주의 예술가와 사상가가 아니라 칸트에서 시작해 현재 유행하는 철학에 이르기까지 낭만주의가 대체로 밟아온 궤적이다. 신칸트주의적 루시퍼는 진정한 죽음과 진정한 우연성을 인지하자 곧바로 숭고라는 감정 속으로 망명하고는 철학의 참된 연구라고 올바르게 일컬어져온 것을 극심한 고통 속 자유라는 이미지로 덮어버린다.

칸트는 이기적인 경험적 영혼이라는 난잡한 덩어리 바깥에서 깨끗하고 순수한 것을 찾기 원했고, 이를 위해 건전한 본능을 좇았다. 그러나 내 생각에 그는 엉뚱한 곳을 바라보았다. 칸트의 탐구는 그를 다시 자아 속으로, 이제는 천사처럼 묘사된 자아 속으로 이끌었고, 그의 추종자들은 이런 천사-자아 속에 머무르려는 경향을 보였다. 나는 이제 시작점으로 되돌아가 자기방어적인 영혼의 강력한 에너지 체계를 바라보며 다시 질문을 던진다. 도대체 우리는 어떻게 자신을 좀 더 나은 존재로 만들 수 있는가? 우리는 이렇게 상대하기 버거운 영혼이라는 적수와 마주하면서, 옳은 행위 쪽으로 방향을 설정한, 의기양양하고 노골적인 의지라는 관념이 현실적이면서도 충족적인 하나의 처방이 될 수 있는지 의심해볼 수 있다. 내 생

---

4) 바그너(Richard Wagner)의 오페라 「트리스탄과 이졸데(*Tristan und Isolde*)」 3막에서 이졸데가 부르는 아리아 제목. 이졸데가 사랑하는 트리스탄의 죽음 앞에서 그를 따라 죽으며 부른다. 죽음을 통해 사랑을 이루겠다는 내용.

각에는 차라리 자신에게 뜻이 통하면 그걸로 그만인 단순한 종교적 이해를 바탕으로 살아가는 보통 사람들의 견해가 주의주의 철학자(voluntaristic philosopher)의 견해보다 오히려 위 질문에 대해 더 온당한 경우가 많다. 나아가 그들의 견해는 현대 심리학의 연구 결과와도 오히려 더 잘 들어맞는다. 통상 종교에서는 행위 못지않게 심적 상태를 강조하고, 이를 행위의 발생 배경으로 간주한다 ─ 마음의 순수함, 영혼의 온순함. 또 종교는 심적 상태를 정화하는 수단을 제공한다. 신앙인은 자신에게 추가적인 도움이 필요하고, 또 얻을 수도 있다고 느낀다. '내가 아니라 그리스도가 사는 것(Not I, but Christ).'[5] 그런 도움이 실제로 존재한다면, 이는 종종 종교 교의의 진리성을 논증하는 데 쓰인다. 물론 기도와 성사(聖事)는 신앙인에게 그저 위안의 도구로 '오용'될 수도 있을 것이다. 그러나 그 신학적 맥락에 대한 의견이 무엇이든, 실제로 기도가 의식(意識)의 질(質)을 높인다는 점 그리고 기도 없이는 불가능할 법한 좋은 행위를 하도록 힘을 북돋아준다는 점은 사실인 듯싶다. 이 지점에서 현대 심리학은 보통 사람 혹은 보통 신앙인이 심적 상태의 중요성과 추가적으로 힘을 주는 에너지 사용 가능성을 본능적으로 감지할 수 있다는 사실을 뒷받침한다. 사실, 심리학은 현대 행태주의 철학자들에게 그들 스스로 폐기해버린 '경험'과 '의식' 개념의 재검토를 촉구할 수 있다. 눈을 크게 뜬다고 해서 우리가 직면한 현실을 반드시 볼 수 있는 것은 아니다. 우리는 갈망의 지배를 받는 동물이다. 우리의 마음은 끊임없이 움직이면서 장막 하나를 만들어낸다. 부분적으로 세계를 감추는 그 장막은 갈망으로 가득하고, 보통은 자기 몰두적이며, 사실을 쉬

---

5) 「갈라디아서」 2:20. '나는 주 그리스도와 함께 십자가에 못 박혔다. 그러나 나는 살아 있다. 내가 아니라 그리스도가 내 안에서 살아 있다.'

이 왜곡한다. 우리 의식 상태는 질적으로 다양하고, 우리의 환상과 몽상은 사소하거나 하찮지 않다. 이런 것은 선택하고 행위할 때 사용하는 우리의 에너지, 그리고 능력과 깊이 연관되어 있다. 그리고 의식의 질이 중요하다면, 의식을 탈이기심, 객관성, 그리고 실재론으로 향하게 만드는 것은 무엇이든 덕과 결부될 수밖에 없다.

나는 플라톤 저작(『파이드로스』 250) 속의 실마리를 따라가며 우리 주변에서 보이는 '탈이기심을 만들어내는 것'에 해당하는 것 중 아마도 가장 분명한 것, 흔히 아름다움이라 일컫는 것을 언급하며 논의를 시작하겠다. 요즘 철학자들은 아름다움이라는 말을 회피하는 경향이 있는데, 그들이 경험보다 이성에 관해 이야기하기를 선호하기 때문이다. 그러나 아름다움과 관련된 경험이란, 비평적 어휘로 무장한 분석을 들이대며 무시해버려서는 안 되는, 내게는 엄청나게 중요한 문제이다. 아름다움이란 예술과 자연이 공유하는 어떤 것을 일컫는 편리하고 전통적인 명칭으로, 경험의 질과 의식의 변화라는 관념에 상당히 명료한 의미를 부여한다. 나는 지금 불안하고 성난 마음으로 창밖을 보고 있다. 주변은 안중에도 없고 어쩌면 이미 흠집이 나버렸을지도 모르는 내 명예에 대해 골똘히 생각하고 있다. 그러다 갑자기 창공을 날고 있는 황조롱이를 발견한다. 그 순간 모든 것이 바뀐다. 내 명예에 흠집, 실은 쓸모없는 그 명예에 흠집이 났다는 사실에 골몰해 있던 자아는 자취를 감춰버린다. 이제 여기에 황조롱이 말고는 아무것도 존재하지 않는다. 그리고 다시 내가 당면한 문제에 대한 생각으로 돌아오면, 이제 그 문제는 덜 중요해 보인다. 물론 이런 변화를 우연적이 아니라 계획적으로 겪을 수도 있다 — 마음에서 이기적인 조바심을 비우고자 자연으로 관심 돌리기. 내가 '낭만주의'라고 거칠게 이름 붙인 사조를 반박하는 논변을 시작하면서 이처럼 자연에 관심을 쏟는 경우를 예로 드는 것이 이상해 보일 수도 있겠다. 사실 위대한 낭만주의자 중에 우리가 준 만큼 받는 것이니 자연은 오직 우리의 삶 속에서 생명을 얻는다[6]는 말을 곧이곧대로 믿는 사람은 아무도 없으리라고, 나는 생각한다. 물론 그보다 못한 낭만주의자들은 칸트의 가르침에 따라 자연을 고상한 자기 느낌의 계기로 삼고자 이용하려는 경향이 있기는 했지만 말이다. 내가 위에서 인용한 인물[7]을 포함해서 위대한 낭만주의자는 '낭만주의'를 초월해버린다. 내가 보기에 자연에 대한 자기 주도적 향유라는 관념은 억지스럽다. 동물, 새, 돌, 그리고 나무 등 순전히 우리 바깥에 특별한 의미 없이 독립적으로 존재하는 것들에서 우리가 느끼는 자기 망각적 즐거움이 더 자연스럽고 더 바람직하다. '세계는 존재하는 방식 때문이 아니라 그 자체로 신비롭다.'[8]

이렇게 논의를 시작한 이유는 아름다움이 도덕적 변화가 일어나는 가장 중요한 장소여서가 아니라 아름다움을 통해 도덕적 변화에 가장 쉽게 접근할 수 있다고 생각하기 때문이다. 꽃이나 동물을 통해 누리는 기쁨이 좋은 것이라는 사실은 너무도 당연해서 꽃 심은 화분을 집에 두고 황조롱이를 바라보는 사람은 꽃이나 동물이 덕과 관련있다는 생각에 오히려 놀랄지도 모른다. 그 놀라움은 플라톤의 지적처럼 오직 아름다움만이 우리가 본능적으로 사랑하는 정신적인 것이라는 사실에서 비롯한다. 그런데 자연 속 아름다움에서 예술 작품 속 아름다움으로 발길을 옮기는 순간, 우리는

---

6) 영국의 시인이자 평론가인 S. T. 콜리지(Samuel Taylor Coleridge, 1772-1834)의 『낙담: 송시(*Dejection: An ode*)』에 등장하는 구절.

7) 키르케고르를 가리킨다.

8) 비트겐슈타인의 『논리철학논고』 6.44에 나오는 구절. '세계가 어떻게 존재하느냐가 신비로운 것이 아니라, 세계가 현존한다는 것이 신비로운 것이다.'

더 골치 아픈 영역에 들어선다. 예술 작품 경험은 자연 경험과 달리 타락하기 쉽다. 예술 작품 중 다수, 어쩌면 대부분이 실제로는 자기위안적 환상이고, 위대한 예술이라 해도 그 예술을 접하는 자의 의식의 수준까지 보장하지는 못한다. 그래도 위대한 예술은 분명 존재하며, 우리는 때때로 그것을 적절하게 경험하고 심지어 일천한 경험에서도 예술은 스스로 위대함을 발산한다. 예술은 독립적으로 존재하는 탁월한 것을 접할 때 느끼는 순수한 기쁨을 우리가 마음껏 누리게 해준다. 이제부터 내가 언급하는 예술은 환상으로서의 예술이 아니라 이처럼 훌륭한 예술을 의미한다. 예술은 발생과 향유 모두에서 이기적 집착과는 완전히 상반된다. 예술은 우리 능력 중 가장 뛰어난 부분을 고양한다. 플라톤식으로 말하면 영혼의 가장 고귀한 부분에 사랑을 불어넣는다. 예술이 이런 일을 할 수 있는 이유 중 하나는 예술이 자연과 공유하는 면이 있다는 것이다 — 형식의 완전성. 무소유적 관조를 가능하게 하고, 의식이 만들어내는 이기적, 몽상적 삶으로서의 함몰에 저항하게 하는 형식의 완전성.

그러나 성사(聖事) 혹은 좋은 에너지의 원천으로 간주되는 예술은 그보다 더 높은 차원에 있다. 예술은 자연보다 접근성은 떨어지지만 의식을 고양하는 데는 더 탁월하다. 왜냐하면 예술은 실제로 인간의 산물이고 어떤 예술은 실제로 직접 인간사(人間事)를 '다루기' 때문이다. 예술이 인간의 산물인 만큼 예술가는 재능과 함께 덕도 아울러 갖추어야 한다. 훌륭한 예술가는 자기 작품과의 관계에서 용감하고 진실하며 인내심이 있을 뿐 아니라 겸허하다. 심지어 비재현 예술에서도 우리는 이런 성품을 직관적으로 알 수 있다. 나아가 덕과 관련한 면은 오히려 비재현 예술이 더 제대로 표현하지 않느냐고 조심스럽게 주장하는 사람마저 있을 수 있다. 이를 테면 흔히 등장하는 음악이 정신에 끼치는 영향에 대한 견해가 한 예이다. 물론 이론가들은 그 영향을 분석하기 꺼려왔지만 말이다. 어찌 되었건 재현 예술이 거울에 비치듯 더 명료하게 자연을 그려낸다는 점은 분명하고, 그렇기에 재현 예술이 도덕성을 보여주는 방식은 단순히 예술가의 됨됨이에 대한 우리의 직관만으로는 포착되지 않는 것 같다.

재현 예술, 특히 문학과 미술은 덕 개념이 인간의 조건과 연결되는 독특한 방식을 보여준다. 즉 극히 중요하면서도 동시에 그것에는 절대적 무목적성(無目的性)이 있다는 것을 보여주는 것이다. 우리는 예술을 향유하면서 덕에 대한 사랑을 훈련한다. 예술의 무목적성은 게임의 무목적성과는 전혀 다르다. 그것은 인간 삶 자체의 무목적성이다. 예술에 담긴 형식은 우주의 자기 완결적 무목적성에 대한 적절한 시뮬레이션이다. 훌륭한 예술은 우리가 평상시에는 너무 이기적이고 소심해서 알아보지 못하는 세계의 아주 미미하고 완전히 임의적인 세세한 부분까지 보여주는데, 이때 통일성과 형식성이 동시에 의미를 드러낸다. 이런 형식은 흔히 신비롭게 보이는데, 그것이 환상의 진부한 패턴에 반하기 때문이다. 반면 하찮은 예술 형식은 신비로울 것이 없는데, 그것이 이기적인 백일몽이 지나다니는, 알아보기 쉽고 친숙한 샛길에 불과하기 때문이다. 훌륭한 예술은 객관적인 시선으로 보았을 때 세계가 얼마나 다르게 보이는지 깨닫게 해줌으로써 객관성 유지의 어려움을 알려준다. 훌륭한 예술은 꾸준히 관조의 대상이 될 만한 형식을 통해 인간 조건을 묘사한, 참된 이미지를 우리에게 선사한다. 그리고 사실 이는 제대로 관조할 때 많은 사람이 의존할 수 있는 유일한 맥락이기도 하다. 예술은 이기심과 집착이라는 인성(人性)의 한계를 뛰어넘으면서 예술 감상자의 감수성을 확장할 수 있다. 이는 일종의 대리로서의 선이다. 무엇보다도 예술은, 명료하고 사실적인 안목과 깊은 연민의 마음이 인간이라는 존재 속에서 서로 연결돼 있음을 보여준다. 위대한 예술가의 사실주의는 사진의 사실주의와 다른 것, 즉 근본적으로 연민(憐憫)과 정의(正義)의 사실주의다.

우리는 여기서 이런저런 형식을 지어내고 죽음과 우연을 감추려는 우리 성향이 구원받는 놀라운 과정을 목격한다. 우리가 자신에 관해 말하는 이야기는 어떤 것이든 우리를 위로해주는데, 그 이야기에는 반드시 어떤 패턴이 있고 그 패턴 없이 우리가 마주치는 우연성과 불완전성을 견디기는 몹시 힘들다. 그러나 인간의 삶은 우연적이고 불완전하다. 이때 비극과 희극, 그리고 회화(繪畵)가 맡는 역할은 전율이 배제된 고난, 위안이 배제된 죽음을 보여주는 것이다. 설혹 위안을 준다 해도 그것은 아름다움에 의해 극도로 절제된 위안으로서 덕스럽고자 하는 노력 말고는 삶에 어떤 가치도 존재하지 않는다는 사실을 가르쳐준다. 예술가에게 가장 강력하고 교활한 적은 바로 마조히즘이다. 거짓으로 미화한 죽음이 아닌 죽음, 즉 진정한 죽음을 그려내기란 결코 쉬운 일이 아니다. 심지어 톨스토이도 다른 작품에서와 달리 『이반 일리치의 죽음』에서는 죽음을 제대로 그리지 못했다. 문학작품에서 위대한 죽음을 보기란 흔한 일이 아니다. 위대한 죽음은 예술이 무목적성과 가치를 나란히 놓으면서, 아니 양자를 거의 동일시하면서 우리를 어떻게 생생히 살아나게 하는지를 극도로 투명하게 보여준다. 파트로클로스[9]의 죽음, 코델리아[10]의 죽음, 페티아 로스토프[11]의 죽음. 모든 것이 덧없다. 진정 중요한

---

9) 『일리아드』에 등장하는 아킬레스의 친구.

10) 셰익스피어의 『리어왕』에 등장하는 리어왕의 딸.

11) 톨스토이의 『전쟁과 평화』에 등장하는 로스토프가의 막내.

단 한 가지, 그것은 무상한 인생사를 모두 명료하게 바라보고 올바르게 대응하는 능력이다. 그리고 이 능력은 덕을 떠나서는 결코 발휘될 수 없다. 모든 것을 뛰어넘는 가장 위대한 성취는 이런 절대적 필멸성(必滅性)의 의미를 비극이 아니라 희극과 결합할 때 이루어진다 해도 과언이 아니다. 셸로우와 사일런스,[12] 스테판 트로피모비치 베르호벤스키.[13]

그렇다면 예술은 여흥 거리나 부차적인 것이 아니라, 인간 활동 전반을 통틀어 가장 교육적인 것이자 도덕의 본성을 볼 수 있는 장소가 된다. 예술이 아닌 다른 분야에서 마주쳤으면 이해하기 난감했을 법한 여러 관념을 예술은 명료하게 하고, 예술 이외의 분야에서 일어나는 사태를 이해하는 데 실마리를 제공하기도 한다. 어떤 형태의 예술이든 그 이해를 위해서는 반드시 위계와 권위에 대한 인식이 수반되어야 한다. 예술에는 너무나 명백하게 탁월함의 차이가, 수준의 높낮이와 거리가 존재한다. 셰익스피어도 완벽할 수는 없다. 질 낮은 예술이나 '해프닝'에 그치는 예술과는 달리, 훌륭한 예술은 우리 바깥에 우뚝 서서 우리 의식에 저항한다. 우리는 무소유적이고 탈이기적인 사랑을 동반한 예술의 권위에 스스로 굴복한다. 예술은 영원불멸한 것과 일시적인 것을 서로 조화시킬 수 있는 유일한 길을 우리에게 열어준다. 재현이든 비재현이든 예술은 진부하고 둔한 백일몽 같은 우리 의식으로는 도저히 볼 수 없는 우리 세계의 면면을 드러내준다. 예술은 세계를 덮은 장막을 뚫고, 현상 너머에 존재하는 실재 관념에 의미를 부여한다. 예술은 죽음과 우연의 맥락에서 덕의 진정한 모습을 외

---

12) 셰익스피어의 『헨리 4세』에 등장하는 인물들.
13) 도스토예프스키의 『악령』에 등장하는 인물로 이상적 자유주의자.

화(外化)하여 보여준다.

플라톤은 아름다움이 선한 삶의 출발점이 될 수 있다고 했으나 예술을 신뢰하지는 않았다. 여기서 우리가 볼 수 있는 것은 그 위대한 정신 안에서 예술가와 성인(聖人) 사이를 오갔던 유달리 고통스러운 갈등이다. 플라톤은 사랑스러운 소년의 아름다움에는 부여했던 깨달음의 힘을 자연이나 예술의 아름다움에 허락하지 않았다. 그는 모든 예술은 나쁜 것으로, 그저 실재를 왜곡하는 허구이자 위안에 불과하다고 믿어버린 듯하다. 자연에 관해서도 그는 형상 이론의 맥락에서 적어도 한 번 이상은 의심을 품었던 듯하다. 진흙, 머리카락, 먼지의 형상은 존재하는가? 만약 존재한다면 자연은 참된 빛의 영역 속으로 들어와 구원받을 것이다.(앞서 개진한 나의 논변을 플라톤식으로 보면 당연히 진흙 등의 현존을 전제한다.) 한편, 선한 삶을 위한 또 하나의 출발점 혹은 통로로 플라톤이 더 자주 언급하는 것은 기예를 통한 방식, 즉 예술을 제외한 제반 과학 및 공예, 그리고 지적 훈련을 통한 방식이다. 내 생각에 지적 훈련을 곧 도덕 훈련이라는 의미로 새겨 지성을 이해하는 방식도 있고, 이는 이해하기가 그리 어렵지도 않다. 도덕, 그리고 첫눈에는 도덕과 상관없는 인간 행위처럼 보이는 것 사이에는 연결고리 역할을 하는 중요한 관념들이 존재하고, 이 관념들은 기예를 다루는 맥락에서 아마도 가장 분명하게 드러날 것이다. 예술의 본성에서 도덕 설명의 실마리를 찾듯, 더 단순한 모습으로 도덕의 바깥에서 드러나지만 본질적으로는 도덕과 동일한 개념들을 검토하면서 우리는 도덕의 중심 영역에 대해 더 많은 걸 배울 수 있을 것이다. 이에 해당하는 개념으로 꼽을 수 있는 것은 정의, 정확성, 진실성, 실재론, 겸허함, 투명한 안목을 유지할 수 있는 능력으로서의 용기, 감상(感傷)이나 이기심 없는 애착, 나아가 열정으로서의 사랑 등이다.

플라톤이 가장 중요시한 기예는 수학이었는데, 수학이 가장 엄격하고 추상적이기 때문이었다. 나는 기예의 사례를 나 자신에게 좀 더 잘 맞는 방식으로 찾아보려 한다 — 외국어 배우기. 예를 들어 내가 러시아어를 배우고 있다고 가정하자. 그때 나는 내게 존경심을 요구하는 권위적인 구조와 마주친다. 과제는 어렵고 목표는 저 멀리 있으며 어쩌면 끝내 도달하지 못할지도 모른다. 내가 할 일은 나의 바깥에 독립적으로 존재하는 것들을 차츰 차츰 찾아 드러내는 것이다. 나는 관심을 쏟고 실재에 대한 앎이라는 보상을 얻는다. 러시아어를 향한 나의 사랑은 내가 나 자신으로부터 멀어지게 하고, 내게는 이질적인 무엇인가로, 나의 의식으로는 점거할 수도, 삼켜버릴 수도, 거부할 수도, 혹은 존재하지 않는 것으로 만들어버릴 수도 없는 무엇인가로 향하게 한다. (모르면서 아는 척해서는 안 된다는) 정직과 겸손은 학생이 갖춰야 할 덕목이고, 이는 나중에 학자로서 이 덕목을 갖추기 전 준비 단계이기도 하다. 정직하고 겸손한 학자는 어떤 사실이 자기 이론을 산산조각 내버리는 상황에 놓였다고 해서 그 사실을 감추는 일 따위는 저지를 엄두조차 내지 않는다. 물론 기예는 오용될 수도 있다. 그래서 만약 어떤 과학자가 자신의 발견이 나쁘게 사용될 수도 있다는 것을 알면, 그 연구 부문을 포기하는 것이 마땅하다고 생각할 수도 있다. 하지만 특별한 상황을 제외하면 공부란 재능의 발휘 만큼 분명히 덕도 발휘되는 행위로, 덕이 근본적으로 실제 세계와 어떤 방식으로 관련되는지를 보여준다.

위에서 나는 정의, 진실성, 겸허함 등 도덕 핵심 개념들의 본성은 기예를 통해 가장 분명하게 볼 수 있다고 주장했다. 이 외에 또 알 수 있는 것은 이런 개념들이 서로 내적 연관성을 맺으며 함께 발전한다는 것인데,

예를 들면 그저 정확함에 불과해 보였던 것이 다른 면에서는 정의나 용기, 심지어 사랑에 가까운 것으로 나타나는 경우 등이 그렇다. 언어 감성(Sprachgefühl)이 발달한다는 것은 거의 다른 생물체로 느낄 만큼 이질적인 것을 명민하게, 그리고 그것을 존중하며 인지하는 감수성이 발달한다는 것을 뜻한다. 지적 훈련은 예술에 필요한 훈련 같은 역할을 할 수 있는데, 이를 통해 우리는 상상력을 확장하고, 안목을 키우며, 판단력을 강화할 수 있다. 플라톤은 수학을 기예의 왕으로 삼았고, 수학적 사고를 통해 마음을 물질 세계에서 분리하고 일상적 현상과는 전혀 다른 새로운 종류의 실재를 인식할 수 있다고 생각했다. 혹자는 역사학, 문헌학, 화학 등 수학 외의 학문 분야도 역시 우리에게 새로운 주제를 현시하고 현상 너머의 새로운 실재를 보여줄 수 있다고 말할지 모른다. 사실, 이런 학문 연구는 비단 덕을 동반한 활동에 그치지 않고, 영적인 삶으로 들어가는 입문 격으로 여겨질 만하다. 그러나 연구 자체가 영적인 삶을 산다는 의미는 아니고, 우리의 총명함이 더 높은 수준에 이르지 못했기에 이런 방식으로 덕 전체를 성취한 적도 없었다.

이제 내 논변의 핵심 주제인 선 자체에 더 가까이 접근하고자 한다. 플라톤식 이미지로 말하면, 아름다움과 기예는 대문자로 쓴 텍스트다. 선 자체 개념은 훨씬 더 알아차리기 어렵지만 본질적으로 유사한 텍스트로서 소문자로 쓴 것이다. 지적 훈련을 겪으면서, 그리고 예술과 자연을 향유하면서 우리는 자아를 잊고 사실적이 되는 능력, 그래서 올바르게 지각하는 능력의 가치를 발견한다. 이때 상상력은 세계로부터 도피하는 수단이 아니라 세계에 참여하는 수단으로 쓰이면서 우리를 기분 좋게 자극하는데, 일상으로 무뎌진 우리 의식과 실재에 대한 포괄적 이해의 간극이 그 자극의 원천이다. 가치 관련 개념들은 여기서 뚜렷이 세계와 연결된다. 그것들은 진리를 추구하는 정신과 세계 사이에 뻗어 걸쳐 있는 것이지 우리 자신의 틀 안에서 배회하는 개인 의지의 부속물 같은 것이 아니다. 도덕의 권위는 진리의 권위, 즉 실재의 권위이다. 정확함은 우리가 끈기 있게 쏟는 관심을 통해 지체 없이 올바른 인식으로 변화하면서 가치 관련 개념의 폭과 외연을 볼 수 있게 해준다. 또 인간이라는 특별한 존재에게 사랑은 정의와, 밝은 안목은 실재에 대한 경외와 분리될 수 없음이 자연스럽다는 것을 여기서 알 수 있다.

덕이 위와 똑같은 방식으로 도덕의 중심 영역에서 작동한다는 사실을 알아차리기는 쉽지 않다. 인간은 언어나 수학 개념보다 훨씬 더 복잡하고 알쏭달쏭하며 모호한 존재이고, 이기심은 우리가 타인과 관계 맺을 때 훨씬 더 교활하고 난폭한 방식으로 작동한다. 무지, 흐리멍덩함, 두려움, 희망 사항, 충분치 못한 시험 횟수 같은 문제로 우리는 흔히 도덕적 선택을 임의적인 것으로, 다시 말해 관심을 쏟아야 하는 연구 대상이라기보다는 오히려 개인 의지의 문제로 간주하곤 한다. 우리의 애착은 이기적이면서도 완고한 면이 있어 사랑의 마음을 이기적인 것에서 탈이기적인 것으로 탈바꿈시키는 것이 때러 아예 엄두도 못 낼 만큼 어렵게 느껴진다. 그런데 그것이 정말 그렇게 어려운가? 정신지체아를 집에서 돌보아야 하는가, 아니면 전문 시설에 보내야 하는가? 망령난 늙은 친척을 돌보아야 하는가, 아니면 멀리 보내야 하는가? 아이들을 생각해서 불행한 결혼 생활이라도 유지해야 하는가? 나의 정치 활동을 위해 가족을 희생시켜도 좋은가? 나의 예술 활동을 위해 가족을 방치해도 괜찮은가? 이런 질문에 대해 사랑이 내어놓는 정답은 정의를, 실재론을, 그리고 진정한 *바라봄*을 실천하라는 것이다. 여기서 어려운 일은 실제 상황에 초점 맞춘 관심을 유지하면서, 그 관심이 자기연민, 원한, 환상, 절망이 부추기는 위안을 통해 간교하게 자아로 회귀하지 않도록 하는 것이다. 관심을 거부하면 심지어 자유에 대한 허위의 감각을 불러올 수도 있다 — 차라리 동전 던지기를 하는 편이 낫겠어. 물론 덕의 실천은 좋은 습관이고 책임감 있는 행위이다. 그러나 그런 습관, 그런 행위의 밑거름이 되는 것은 공정한 안목과 수준 높은 의식이다. 우리 과제는 여실(如實)하게 세계를 보는 것이다. 맥락과 동떨어진 의무를 들먹이고 자유와 힘을 최상의 독립적 가치로 삼아 추켜세우는 철학은 이런 과제를 무시하고 덕과 실재의 관계를 은폐한다. 우리는 '때에 맞추어' 올바르게 행위하는데, 그것은 의지의 강력함으로 하는 것이 아니라 우리가 평소에 느끼는 애착의 수준과 우리에게 허락된 유형의 에너지와 분별력으로 하는 것이다. 그리고 이런 행위는 우리 의식의 활동 전반과 적절히 관계 맺으며 이루어진다.

지금까지 내가 제시하고자 한 그림의 다양한 면면이 모두 결합되어 설명의 중심을 차지하는 이미지, 그것이 바로 선이라는 개념이다. 선은 이해하기 쉽지 않은 개념이다. 그 이유 중 하나는 인간의 이기심이 만들어낸 너무나 많은 가짜 선과 콧대 높은 선의 매개물이 덕의 수행이라는 어려운 과제를 쉽고 흥미로운 일처럼 보이게 만드는 데 있다 — 역사, 신, 루시퍼, 그리고 권력이라는 관념, 자유, 목적, 보상 등의 관념, 심지어 판단이라는 관념까지도 모두 선과는 관계없다. 신비주의자라면 어떤 유형이든 모두 이 사실을 대체로 간파했고, 언어의 극한을 이용해서 발가벗은 채 홀로 있는 선, 그 절대적 공허를 묘사하려 노력했다. 혹자는 진정한 도덕이란 일종의 탈비전적(脫秘傳的) 신비주의로, 선을 향한 사랑, 위로 따위는 배제한 엄격한 사랑에 근거한다고 말할지도 모른다. 플라톤은 선을 설명할 때 태양의 이미지를 사용했다. 도덕의 순례자는 동굴에서 나와 태양 빛 아래 진짜 세계를 본다. 그리고 종국에는 태양 자체도 볼 수 있는 능력을 갖춘다. 이제 나는 이 더할 나위 없이 풍부한 은유가 보여주는 다양한 면면에 대해 이야기하고 싶다.

방향 재설정(죄수는 몸을 돌려야 한다)과 향상(向上)을 통한 기나긴 탐색의 여정, 그 끝에서 태양은 우리 눈앞에 나타난다. 태양은 진짜이고 항상 그곳에 존재하지만 아주 멀리 있다. 태양은 우리에게 빛과 에너지를 선사해 진실을 볼 수 있게 한다. 태양 빛 아래에서 우리는 세계 속 사물들이 서로 맺는 참된 관계를 본다. 태양을 직접 본다는 것은 지극히 어려운 일로, 태양 빛 아래 존재하는 사물들을 보는 것과는 다르다. 태양은 태양빛 아래 사물들과는 질적으로 다른 사물이다. 여기에 '사물'이라는 은유가 있음에 주목하라. 선 개념을 다룰 때 우리는 반드시 철학 언어가 아니더라도 자연스럽게 플라톤식 용어를 사용하는데, '선 추구하기' 혹은 '선 사랑하기' 같은 말을 할 때 그렇다. 또한 우리는 일상적인 사물, 사람, 예술 작품을 가리켜 '좋은(선한) 것'이라고 진지하게 말하기도 하는데, 그러면서도 그런 것들의 불완전함 역시 잘 알고 있다. 선이란 말하자면, 완전한 선에 대한 포부와 우리 한계 안에서의 현실적인 성취 사이의 경계에 걸쳐 있는 것으로, 우리에게는 그 경계의 양쪽을 화합하게 할 능력이 있다는 것이다. 그래서 약해 빠진 우리에게도 '완벽해지라'는 명령이 의미가 있다. 선 개념은 우리가 이기적인 경험 층위의 의식 속으로 주저앉지 않도록 막아준다. 선 개념은 그저 선택 의지에 매달린 가격표가 아니며, 일부 철학자들의 바람과 달리 (좋은 칼, 좋은 친구처럼) 기능적이고 가벼운 의미의 '선'은 선 개념 구조의 일부분이 될 수 없다. 이 단어를 적절하면서도 진지하게 사용하려면, 우리가 아는 세계에서는 결코 그 예를 찾을 수 없을 만큼의 완전성을('선은 우리 안에 존재하지 않는다'), 위계와 초월 관념을 동반하는 완전성을 지칭하지 않으면 안 된다. 어떻게 우리는 그 정도가 아무리 높아도 훌륭함으로는 완전함에 이를 수는 없다는 것을 아는가? 우리는 차이를 목격하고 방향을 감지하면서 선이 여전히 저편 어딘가에 존재한다는 것을 안다. 자아, 즉 우리가 사는 곳은 환영(幻影)의 장소다. 선은 자아를 벗어나려는 시도, 즉 덕으로 채운 의식에 비추어 진짜 세계를 보고 반응하려는 시도와 결합돼 있다. 이것이 바로 철학자들이 선을 설명하면서 그토록 끈질기게 호소해온 관념, 즉 초월성의 탈형이상학적 의미이다. '선은 초월적 실재다'라는 말은 이기적 의식의 장막을 뚫고, 있는 그대로의 세계와 결합하려는 시도가 바로 덕이라는 것을 의미한다. 그러나 이 시도는 궁극적으로 성공할 수 없다. 이는 인간 본성과 관련된 경험적 사실이다.

물론 우리는 하나의 은유를 다루고 있을 뿐이지만, 그 은유는 매우 중요한 것으로 단순히 철학의 한 속성이라고 할 수도, 그저 하나의 본보기라고 할 수도 없다. 모두(冒頭)에서 밝혔듯이 인간은 중요한 활동 대부분에서 다른 것으로 대체할 수 없는 은유를 사용하는 존재다. 그리고 어지간한 사람이라면 확신에 차거나 일목요연한 모습을 보이기는 어렵더라도 거의 예외 없이 진짜 선과 가짜 선을 구별할 수 있다. 관념론 맥락 대부분에서 덕은 덕 자체만으로 사랑의 대상이 될 수 있다. 근본을 다루는 은유는 말하자면 거짓을 뚫고 넘어 이 사랑을 끌고 간다. 은유는 우리 처지를 자각하는 하나의 양식(樣式)이 될 수 있을 뿐 아니라 우리 처지에 직접 작용할 수도 있다. 철학자는 평범한 사람들이 본능적으로 수행하는 것을 단지 명시적이고 체계적으로, 종종 예술을 동반해 수행할 뿐이다. 플라톤은 어떤 형이상학자보다 탁월하게 이 상황을 이해했고 자기 이론 중 많은 것을 '신화'라고 일컬었다. 그는 『국가』를 영혼의 비유를 통해 이해해야 한다고 말한다. '국가는 천국과 패턴이 같다고 말할 수 있다. 국가를 소원하는 사람은 국가를 볼 수 있고 그 시민이 될 수 있다. 그런 것이 존재하는지, 존재하게 될 것인지 여부는 중요하지 않다. 국가는 [선한 사람이] 참여할 수 있는 유일한 도시다.'(『국가』 592)

이제 나는 선 개념 자체와 선 개념이 여타 개념과 맺는 독특한 관계를 설명하고자 한다. 그 과정에서 먼저 선 관념의 통합력에 관해, 그리고 선 관념의 정의 불가능성에 관해 이야기할 것이다. 앞서 나는 내가 아는 한 인간의 삶에는 형이상학적 통일성[일원성]이 존재하지 않는다고 말했다 ─ 만사(萬事)는 필멸성(必滅性)과 우연성(偶然性)의 지배 아래 있다. 그런데도 우리는 끊임없이 일원성을 꿈꾼다. 그리고 예술은 그중에서도 가장 열정적인 꿈이다. 알고 보면 도덕도 사실은 일종의 일원성을 보여주는 것이다. 물론 그 일원성은 특별한 종류로 이런저런 이데올로기의 폐쇄된 이론적 일원성과는 전혀 다르다. 플라톤은 영혼의 여정을 묘사하면서 네 가지 계몽 단계를 통한 상승을 말하는데, 각 단계를 거치면서 영혼은 이전에 실재로 간주했던 것이 더 실재적인 것의 그림자나 모사에 불과하다는 사실을 점차 깨닫는다. 그리고 그 탐색 여정의 마지막에 영혼은 가설이 아니라 실재인 제일 원칙, 선의 형상, 즉 선 관념에 도달한다. 그리고 그 제일 원칙에 힘입어 이 여정을 되짚어 다시 내려갈 수도 있는데 이 행보는 오로지 형상을 통해서만, 즉 이전에는 그저 부분적으로만 이해했던 것의 참된 개념화를 통해서만 가능하다.(『국가』 510-11) 『국가』의 이 구절은 큰 논란거리가 되어왔으나 내 생각에 일반적 차원의 도덕 적용이라 그 내용은 충분히 명료하다. 선을 볼 수 있는 단계에 오른 정신은 그 결과로 상승 과정에서 거쳐 간 개념들(예술, 일, 본성, 사람, 관념, 관습, 상황, 기타 등등)을, 그 개념들의 참된 본성과 그들 사이의 고유한 관계를 통해 볼 수 있게 된다. 선한 사람은 예술이나 정치가 가족보다 더 중요한지 그렇지 않은지, 중요하다면 어떤 상황에 그런지를 안다. 선한 사람은 여러 덕목이 서로 어떻게 관련되는지를 안다. 실제로 플라톤은 어디에서도 형상 세계를 체계적이고 통일적으로 서술한 적이 없다. 그러나 그는 형상에 위계가 존재한다는 견해를 넌지시 비치기는 한다. (예를 들면 진리와 지식은 선의 바로 아래 단계라는 언급. 『국가』 509A) 플라톤은 우리가 선을 파악하고, 이를 통해 세계 이해에 질서를 부여할 때 이 위계라는 관념은 우리와 함께하지 않을 수 없다고 주장한다.

내 생각에 이는 진실이다. 플라톤의 이미지는 완전한 일원성은 위계의 정점에 도달해야만 볼 수 있지만, 도덕적 진보 과정에서 일원성을 직관하면서 생기는 오류는 점점 줄어든다는 주장을 함축한다. 덕에 대한 생각이 깊이를 더할수록 우리는 관계와 위계를 받아들인다. 용기라는 덕목은 첫눈에는 자체적으로 존재하는 것으로, 영혼의 어떤 특별한 대담함을 말하는 것으로 보인다. 관계와 위계 관념을 받아들이면, 용기가 지혜와 사랑이 특정한 방식으로 작용해서 생겨난 것임을 우리는 알 수 있다. 이제 우리는 압제자와의 수월한 타협을 거부하고 주저 없이 노동 수용소를 택하는 용기와 자기과시적 난폭성을 구분할 수 있다. 절약 같은 사소한 덕이라면 모를까 오로지 하나만의 덕을 갖춘다는 것은 불가능하다. 이 같은 덕의 변환은 선의 관점에서 세계의 질서를 보고 우리가 이전에 잘못 생각했던 것에 대한 참된, 혹은 참에 조금 더 가까운 이해에 다시금 도달할 때 일어난다. 이제 우리는 알게 된다, 자유란 결과에 대한 고려 없이 우리가 진 짐을 던져버리는 것이 아니라 훈련을 통한 자아 극복이라는 사실을. 겸허함은 그저 앞에 나서지 않으려는 별난 습성이 아니라 소리 나지 않는 소리를 품듯 실재를 향해 품는 탈아적(脫我的) 존경이며 가장 어려우면서도 핵심적인 모든 덕 중 하나라는 사실을.

앞서 언급했듯이 플라톤은 감각 세계에 대해서는 모호한 태도를 취하면서 수학이 소유한 혁명적 힘은 확신했다. 이런 점으로 미루어보면 그가 선을 향한 길을 개별적이고 구체적인 세계에서 벗어난 것으로 보지 않았나 하는 생각이 때로 들기도 한다. 그러나 그는 상승 변증법만 아니라 하강 변증법도 함께 이야기한다. 그래서 동굴로의 회귀를 이야기하는 것이다. 어쨌거나 선(좋음) 관념을 정치나 경제 부문에도 적용한다면, 일원성에 대한 직관이 늘어남에 발맞춰 복잡성과 구체성에 대한 파악도 반드시 함께 늘어나야 한다. 그릇된 개념화는 흔히 일반화되고 고정관념화되며 파편화된다. 참된 개념화는 올바른 판단 양식, 그리고 구체성에 대한 인식 증대를 끌어안는 능력, 이 두 가지를 결합한다. 이모를 내쫓을지 말지를 결정할 때 가족 구성원 각자의 입장을 신중히 고려해야 하는 엄마의 경우를 생각해보자. 이처럼, 임의적인 구체성과 직관된 일원성이 동시에 드러나는 사태야말로 우리가 최선책을 강구할 때 삶의 곳곳에서 마주칠 수밖에 없다는 것이다. 재차 말하지만, 우리는 이런 경우를 예술적, 지성적 작업에서 매우 뚜렷하게 볼 수 있다. 위대한 예술가들은 구체적인 세계의 모습을 들추어낸다. 하지만 그들의 위대함은 고유명사처럼 특정하고 개인적인 것이 아니다. 그들의 위대함에는 어느 정도 공통적인 면이 있어서, 어떤 예술에 대한 이해가 깊어지면 그 예술의 탁월함을 통해서 일원성도 함께 드러난다. 진지한 비평이라면 이런 것을 전제로 삼지 않을 수 없다. 비록 이론적 방식으로 드러내놓고 말하려 하지는 않겠지만 말이다. 예술은 실재를 드러내고, 사물이 존재하는 방식에는 보편성이 있기에 예술가 사이에는 유대가 존재한다. 학자 사이도 마찬가지다. 정직은 역사가뿐 아니라 화학자에게도 해당하는 덕이고, 그 발전 방식도 서로 비슷할 수 있다. 또 자기 이론이 뿌리째 부정당해도 그것을 인정할 수 있는 정직과 자기 결혼생활의 실상을 파악하는 데 필요한 정직 사이에도 유사성이 있다. 물론 후자가 훨씬더 어렵다는 사실은 의심할 여지가 없지만. 지적 훈련에 대한 과대평가로 이따금 비판받는 플라톤도 지적 훈련을 그 자체로 평가하면서 상위이기는 하나 첫 번째가 아니라 두 번째가 되어야 한다는 점을 분명히 밝혔다. 진지한 학자는 큰 장점이 있는 사람이다. 그러나 선한 사람이면서 진지한 학자라면 단지 그가 다루는 분야의 주제에 대해서만 아는 것이 아니라 그의 삶 전반에 걸쳐 자기 주제가 차지하는 적절한 위치가 어디인지도 안다. 과학자가 특정 연구를 포기할지 말지 옳은 결정을 내리게 하는 분별력, 혹은 예술가가 그의 가족과 관련해서 옳은 결정을 내리게 하는 분별력은 예술이나 과학 자체에 대한 분별력보다 우월하다.(이것이 바로 '그런 것들 자체가 제일 원리와 결합되어 지성에 의해서만 인식되는 것이긴 하지만(καίτοι νοητῶν ὄντων μετὰ ἀρχῆς)'이라는 구절이 의미하는 것 아니겠는가? 『국가』511D) 도덕과 관련해서 우리가 특수한 맥락에 좌우되는 존재라는 것은 인정할 만한 사실이기에 어느 한 영역에서의 우수함이 다른 영역에서의 우수함을 보장하지는 않는다. 훌륭한 예술가가 가정에서도 반드시 현명하리라는 법은 없고, 강제수용소 간수가 집에서는 온화한 아버지일 수도 있다. 적어도 이 정도는 그럴 법하다. 물론 내 느낌에 그 훌륭한 예술가도 가정에서 현명한 사람이 될 출발점 정도는 확보하고 있고, 좀 더 면밀히 강제수용소 간수의 생활을 들여다보면 가정적인 남자로서도 한계가 드러날 것 같기는 하지만 말이다. 이처럼 현실은 통일적 체계에 대한 기대와 달리 이질적 요소들이 뒤섞인 복잡한 모습으로 남아 있지만, 이와 동시에 선 개념이 이 장면 전체에 드리워지면서 일종의 일원성을 부여한다. 그러나 이 장면이 내포한 유일한 일원성은 모사된 그래서 정점에 도달할 수 없는 종류의 것이다. 도덕, 나아가 도덕철학 영역은 이제 빚이나 약속 따위의 사소한 문제가 아니라 우리 삶의 양식 전체, 그리고 우리가 세계와 관계할 때 견지하는 질적 수준을 망라하는 영역으로 그 모습을 드러낸다.

흔히들 선을 정의하지 못하는 이유로 자유와의 관련성을 든다. 선은 인간의 선택으로 들어갈 수 있는 빈 공간이라는 것이다. 이제 나는 선의 정의 불가능성을 사뭇 다르게 받아들여야 한다고 주장한다. 내가 지금까지 견지해온 식의 관점에 따르면 선에 관해, 그리고 우리가 처한 조건이 선과 연결되는 방식에 관해 우리는 분명 어느 정도는 알고 있다고 봐야 한다. 보통 사람이라면, 그래서 철학에 오염되지 않은 사람이라면, 가치가 선택에 의해 창출된다는 주장 따위는 당치 않다고 여길 것이다. 또 그는 이것이 저것보다 훨씬 더 가치 있다고 생각하는 동시에 자기 판단이 틀릴 가능성도 충분히 있다고 생각할 것이다. 우리는 보통 선이 위치한 방향을 의심하지는 않는다. 마찬가지로 악덕이 실제로 존재한다는 사실도 인정한다 — 냉소주의, 잔인성, 고통에 대한 무관심. 그러나 선 개념 자체는 여전히 모호하고 신비에 싸인 채 남아 있다. 우리는 선이 발산하는 빛 아래에서 세계를 본다. 그러나 선 자체는 도대체 무엇인가? 그 빛의 원천은 범상한 감각으로는 볼 수 없다. 플라톤은 이를 가리켜 '모든 영혼이 추구하는 바로 그것, 그것 때문에 모든 것을 하게 되는 것, 그 본성에 대해 직관적으로는 어느 정도 알면서도 또한 좌절하게 되는 것'(『국가』505)이라고 말한다. 그리고 선은 앎과 진리의 원천이면서 그것들을 훨씬 능가하는 광채를 띠며 찬란하게 빛난다(『국가』508-9)고도 말한다.

위 질문에는 논리적 대답, 그러니까 현대적 의미의 논리적 대답이 존재하기는 하지만 나는 그것이 온전하다고 생각하지 않는다. 내용은 이렇다. 선(좋음)이 무엇이냐는 물음은 진리란 무엇이냐, 용기란 무엇이냐는 물음과 다른데, 왜냐하면 후자를 설명하려면 선 관념이 반드시 포함되어야 하며, 그 설명이 선 관념에 비추어 이루어져야 하기 때문이다. '참된 용기는 …이다.' 그리고 선(좋음)을 X라고 정의하려면, 여기서 말하는 것이 당연히 좋은 X를 의미한다는 점을 반드시 덧붙여야 한다. 만약 선(좋음)이 이성이라고 말한다면, 좋은 판단에 대해서도 말해야 한다. 선이 사랑이라고 말한다면, 선하지 않은 사랑도 존재한다는 점을 설명해야 한다. 이렇게 되면 심지어 진리의 개념조차 애매모호해지고, '진리는 스스로를 위한 법정, 그 밖의 기준은 전혀 필요하지 않네'[14]라고 말할 수 있는 것은 오로지 선(좋음)이라는 개념밖에 없게 된다. 여기까지는 나도 동의할 수 있다. 또 일정한 수준의 탁월성을 갖추었다면, 각각 고유한 방식으로 그 나름의 탁월함을 보여준다는 주장도 있다. 완전성 관념이 개별 사례에서 구체화되려

---

14) 르네상스 시대 영국 시인 벤 존슨(Ben Jonson, 1572-1637)의 시 「진리의 시금석(The Touchstone of Truth)」(1624)에 등장하는 구절.

진리는 스스로를 위한 법정
여타의 기준은 전혀 필요하지 않네,
순금보다도 더 순수하여
더 이상 다듬을 것이 없네.
Truth is the trial of itself
And needs no other touch,
And purer than the purest gold,
Refine it ne'er so much. (line 1-4)

면 각각 그 사례에 걸맞은 종류의 완전성으로 나타나야 한다는 것이다. 그래서 우리는 완전성이 어떤 것이라고, 관대함이나 좋은 그림을 말하듯 일반화해서 말할 수 없다. 의견은 언제나 제각각이고 가치 판단의 진실 여부는 증명해 보일 수 없다. 이런 계열의 주장은 간혹 다음과 같은 견해를 위한 근거로 사용되기도 하는데, 그에 따르면 선이란 공허한, 거의 시시하다고 할 만한 단어, '찬사와 관련된 가장 일반적인 형용사'라는 정도의 단어에 불과한 것으로, 이리저리 탐색하는 의지가 사용하는 표식, '나는 이것이 마음에 들어'라는 말로 바꾸면 훨씬 더 명료해질 만한 용어 이상 아무것도 아니다. 이런 주장과 그에 따른 결론은 내가 앞서 제시한 근거에 비추어 보면 그릇된 것이다 — 탁월성에는 일종의 일원성이 있고, 우리가 처한 조건은 여러 갈래 길이 하나의 방향으로 수렴되는 방식으로 존재한다. 그뿐 아니라 이제부터 제시할 또 다른 근거에 비추어 보아도 위 견해는 틀렸다.

　선 관념, 그리고 선 자체에는 진정한 신비로움이 어리어 있다. 그것은 여러 면이 있는 신비로움이다. 선의 정의 불가능성은 체계에 얽매이지도 고갈되지도 않는 세계가 보여주는 다양성, 그리고 덕의 무목적성과 연관된다. 이런 점에서 선 개념 그리고 죽음과 우연 관념 사이에는 특별한 연결고리가 존재한다.(혹자는 우연이 진실로 죽음의 하위 개념이라고 말할 수도 있겠다. 우연은 확실히 우리에게 죽음을 가장 효과적으로 자각[15]하게 한다.) 진정한 의미의 필멸성은 덕이 유일하게 가치 있는 것임을 알아볼 수 있게 해준다. 그러나 우리에게 어떤 식으로 덕이 요구될지를 한정하거나 예측하기는 불가능하다. 세상이 우리 뜻대로 움직이지 않는다는 사실을 어쩌면 더 긍정적으로 해

---

15) memento mori. 죽음을 기억하라는 뜻의 라틴어로 언제나 죽음을 염두에 두고 삶을 살아가라는 경구.

석할 수도 있다. 선은 인간의 나약함과 인간과 선 사이의 엄청난 거리 때문에 신비롭다. 만약 천사가 존재한다면 선을 정의할 수 있을지 모르지만, 설령 그렇더라도 우리는 그 정의를 이해하지 못할 것이다. 대체로 우리는 메커니즘에 구속된 피조물로서 사정없이 강하게 몰아치는 이기적인 힘, 그 본성을 도무지 이해할 수 없는 힘에 지배당하는 노예다. 그래서 기껏해야 그저 괜찮은 정도의 사람도 대부분 매우 특별한 사람으로 여겨지는 것이다. 우리는 올바르게 처신하기가 어렵지 않은 자리에서는 행동거지가 바르지만, 그 밖의 상황에서는 설령 덕을 발현할 수 있어도 그냥 봉인한 채 놓아둔다. 어쩌면 인간이라는 존재에게는 예외 없이, 선으로 향하는 길을 가로막는, 극복할 수 없는 심리적 장벽이 있는지도 모른다. 자아는 조각난 존재로, 우리가 아는 만큼만 그 균열이 회복되고 그것이 자아의 전체가 될 뿐이다. 자아 바깥으로 눈을 돌려도, 보이는 것은 이리저리 흩어져 있는 선의 자취뿐이다. 덕이 뚜렷하게 빛나는 곳은 매우 적다 — 위대한 예술, 다른 사람에게 봉사하는 겸허한 사람들. 게다가 우리가 더 나은 사람이 되지 않고도 정말 이런 것을 분명하게 알아볼 수 있을까? 우리 자유는 이런 한계의 맥락에서 묘사되어야 한다. 내 생각에 자유는 다음 두 가지가 반반 섞인 개념이다. 그 참된 절반은 바로 덕의 면면 중에서 밝은 안목, 그리고 이기적 충동을 다스리는 힘과 특히 밀접하게 관련된 면을 가리킨다. 그릇되고 더욱 만연한 나머지 절반은, 미혹되고 이기적인 의지, 무지로 인해 우리가 자율적인 것으로 오해하고 있는 이 의지가 보여주는 자기과시적인 행보를 가리킨다.

그렇다면 우리는 다음의 이유에서 인간의 탁월성에 대해 간명하게 말할 수 없다 — 세계는 무목적적이고 우연적이며 어마어마하게 넓다. 그리고 우리는 자아 때문에 눈멀었다. 이런 두 가지 이유와 관련된 세 번째 이유가 또 있다. 태양을 직접 바라보기는 **어렵다** — 여타 사물을 보는 것과는 다르다. 우리는 선(線)이 여러 갈래여도 반드시 한 방향으로 수렴된다고 굳게 믿고, 예술은 이를 표현하고 상징화한다. 그리고 거기에는 선들을 끌어당기는 중심이 존재한다. 그러나 중심 자체보다는 수렴되는 주변을 보기가 더 쉽다. 우리는 그 중심이 어떤 것인지 알려 하지도, 개념화하지도 않는다. 아니 어쩌면 알 수도 개념화할 수도 없을지 모른다. 혹자는 물을 것이다. 우리가 거기서 아무것도 볼 수 없다면, 왜 무엇인가를 보려고 노력해야 할까? 또 중심에 집착하다 보면 가장자리에 초점을 맞추는 우리 능력마저 훼손될 위험이 있지 않나? 그러나 중심을 보려는 것이 마조히즘을 비롯한 영혼의 알기 어려운 여타의 장치들과 관련된 이유로 위험에 노출되어 있다 해도 분명 의미가 있다는 것이 내 생각이다. 숭배를 향한 충동은 깊고 애매모호하며 뿌리깊다. 그리고 진짜 태양보다 응시하기 쉽고 훨씬 더 위안을 주는 가짜 태양이 여럿 존재한다.[16]

플라톤은 저 위대한 비유로 이처럼 미혹에 휩싸인 숭배의 이미지를 그려 우리에게 보여준다. 동굴 속 죄수들은 일단 뒷벽과 마주한다. 그들 뒤에서는 횃불이 타고 있고, 그 빛을 빌려 죄수들은 그들과 횃불 사이에 놓인 꼭두각시들의 그림자가 벽에 비친 것을 본다. 그리고 그들은 그 그림자를

---

16) 이 문단에서 머독이 펴고 있는 선(線)과 중심에 관한 논의는 얼핏 이해가 쉽지 않은 듯 보인다. 그러나 아래와 같이 자석 주변에 쇳가루를 뿌려놓은 그림을 생각해보면 쉽게 이해할 수 있다. 이 그림에서 쇳가루는 자석 주변에서 선을 그리고 그 선은 자석의 양극에서 만난다. 그러나 그 양극이 자석의 중심은 아니다. 자석의 중심은 눈에 보이지 않는다. 여기서 머독이 말하고자 하는 것은 그처럼 선들이 모이는 곳은 눈으로 볼 수 있고 선들의 중심인 것처럼 보이지만 보이지 않는 중심이 따로 있다는 것, 그리고 그 중심을 보려 해야 한다는 것이다.

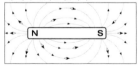

막대자석과 방위지침

실재의 전부로 착각한다. 그들은 몸을 돌렸을 때에야 비로소 횃불을 본다. 동굴을 벗어나려면 이 횃불을 지나가야 한다. 내 생각에 횃불은 자아, 그 낡고 완고한 영혼, 에너지와 열기를 발산하는 저 대단한 원천을 표상한다. 계몽의 두 번째 단계에서 죄수들은 요즘 세간의 큰 관심사인 자기인식이라는 개념을 얻는다. 이제 그들은 이전의 맹목적이고 이기적이었던 본능의 원천이 자신에게 있었음을 발견한다. 그리고 이전에 실재라고 믿었던 그림자를 드리워준 불꽃을 보면서 이전에는 그 그림자만을 인식할 수 있었던 꼭두각시들, 그 역시 참된 세계 속 사물의 모사체에 불과한 꼭두각시들을 보게 된다. 그러나 그들은 이런 것 외에도 또 보아야 할 것이 더 남았다는 사실은 꿈에도 생각지 못한다. 죄수들이 횃불 곁에서 안주했을 가능성은 정말 너무도 크지 않은가? 일렁이고 불분명한 모양이지만 횃불은 아주 편하게 바라볼 수 있고 그 옆에 고즈넉하게 앉아 쉴 만한 것 아니겠는가?

내 생각에 칸트는 이것이 두려워서 경험적 영혼으로부터 우리 관심을 돌리려 했고, 그 결과로 그토록 멀리 가버린 것이다. 강력한 힘을 행사하는 이 횃불은 사실 매혹의 대상이기도 하고, 그림자를 투영하는 그 힘을 연구한다는 것은 것은 곧 실재를 연구하는 것이기도 하다. 그 힘을 인식하면서 동굴 탈출의 첫 걸음을 뗄 수도 있지만, 한편으로는 이 횃불을 종착점으로 잘못 간주할 수도 있다. 횃불을 태양으로 오해해서 그럴 수도 있고, 자기응시를 선한 일로 여겨서 그럴 수도 있다.(물론 동굴에서 탈출하는 사람들 모두가 횃불에 그토록 많은 시간을 투자했을 리는 없다. 아마도 덕스러운 무지렁이라면 횃불에는 눈길도 주지 않고 동굴을 빠져나갔을지 모른다.) 대개는 위장한 채로 있는 자아를 숭배의 참된 대상으로 삼아버리면 종교나 이데올로기마저도 타락할 수 있다. 칸트의 그토록 지극한 염려에도 종교 안팎에서 꼭 특별히 인정받은 전문가가 아닌 보통 사람도 나름대로 선을 관조할 수 있다고, 나는 생각한다 — 별달리 선한 행위를 하겠다는 계획도 없이 쏟는 관심. 그것은 자아를 벗어나 멀리 떨어져 있는 초월적인 완전성을, 오염 없는 에너지의 원천이자 너무나 새로워서 어쩌면 상상조차 할 수 없는 덕의 원천을 보려는 노력. 이런 노력은 개별자에 향해 있던 마음을 거두면서 이루어지는 것으로, 이런저런 어려움이 해결 불가능한 듯 보일 때, 특히 죄책감이 자아를 응시하도록 계속 유혹할 때 매우 큰 도움이 될 수 있다. 이것이야말로 도덕이라는 참된 신비주의, 실제적이면서도 중요한 일종의 비교의적(非教義的) 기도이다. 물론 이는 어렵고 쉽사리 부패할 수 있는 것이기도 하다.

지금까지 나는 선의 정의 불가능성에 대해 말했다. 그런데 우리가 선에 대해 말할 수 있는 것이 정말 이것밖에 없는가? 설령 우리가 선에 걸맞은 다른 이름을 발견할 수 없다 해도, 선을 어쩔 수 없이 저 멀리 홀로 존재하는 것으로 간주해야 한다 해도, 선과 특별한 관련이 있는 다른 몇 가지 개념, 아니 단 하나의 개념도 정녕 존재하지 않는다는 말인가? 사실 철학자들은 줄곧 그런 개념을 찾아내려고 애써왔다 — 자유, 이성, 행복, 용기, 역사 등이 최근까지 그 역할을 담당하려 했던 개념이다. 하지만 나는 이들 후보 중 어떤 것도 마음에 들지 않는다. 위 개념들은 각각의 경우에 인간 행위가 보여주는 몇 특정한 면에 대한, 철학자들의 찬탄을 표상하는 것 같다. 그러나 그런 면면은 온전한 탁월성에는 훨씬 못 미칠 뿐 아니라 그 자체가 때로 미심쩍어 보인다. 앞서 나는 어떤 개념 하나를 눈여겨봐야 한다고 했는데, 그 개념에 대해서는 결론 부분에서 다시 거론할 참이다. 지금 말하려는 개념은 비록 우리 현대 철학자들은 더 이상 언급하지 않지만 아마도 가장 고전적이고 전통적일 뿐 아니라 가장 명백한 권리 주장자일 텐데, 다름 아닌 사랑이 그것이다. 선은 여타 개념에 대해서도 그렇듯 당연히 사랑 위에 군림한다. 사랑이 반드시 선하지는 않기 때문이다. 그런데도 실질적으로 선과 거의 동일시될 만큼 사랑 개념을 정화(淨化)한다면 무언가 나올 수도 있지 않을까? '사랑스럽게 행위하라'는 말을 '완전하게 행위하라'는 말로 번역할 수 있지 않을까? 하지만 '이성적으로 행위하라'는 말은 그렇게 번역할 수 없지 않은가? 나는 사랑에 대해 이렇게 말하고 싶은 마음을 억누르기 어렵다.

그럼에도 나는 선과 사랑을 동일시해서는 안 된다고 생각하는데, 이는 단지 인간의 사랑이 쉽게 자기과시에 불과한 것이 되어버리기 때문만은 아니다. 선과 사랑은 개념상 다른 역할을 하는데, 이는 사랑 관념이 순수화한다 해도 마찬가지이다. 우리는 여기서 매우 어려운 은유를 다루고 있다. 선은 사랑이 본성적으로 향하는 자기(磁氣)의 중심이다. 그릇된 사랑은 그릇된 선으로 향한다. 그릇된 사랑은 그릇된 죽음을 끌어안는다. 진정한 선을 사랑할 때 설혹 그 사랑이 불순하거나 우연적인 것일지라도 사랑의 질(質)은 저절로 정화되고, 영혼이 선을 향할 때 영혼의 정수는 생기를 얻는다. 사랑은 불완전한 영혼과 영혼 저편 존재로 상상하게 하는 자성(磁性)의 완전성 사이에서 형성되는 긴장이다.(『향연』에서 플라톤은 사랑을 불쌍하고 궁핍한 것으로 묘사했다.) 그리고 불완전한 것을 완전하게 사랑하려 노력할 때 사랑은 선을 거쳐 그 대상에 도달한다. 그렇게 사랑은 정화되고 탈이기적이 되며 공정해진다. 그렇게 엄마는 정신 지체가 있는 자식을 사랑하고, 성가신 늙은 친척을 사랑한다. 하지만 애착의 성질을 가리키는 일반적인 이름이 사랑이기에, 사랑은 무한히 타락할 수도 있고 우리가 저지르는 가장 큰 오류의 원천이 되기도 한다. 그래도 부분적일지언정 정화를 거치면, 사랑은 선을 찾아 나서는 영혼의 에너지이자 열정이 되며, 우리와 선을 결합하고 선을 통해 우리와 세계를 결합하는 힘이 된다. 사랑의 존재는 우리가 탁월성에 끌리는 피조물, 선을 위해 창조된 정신적 피조물이라는 사실을 알려주는, 의심할 여지 없이 뚜렷한 표징이다. 사랑은 바로 태양이 발산하는 열과 빛의 반영이다.

　　선에 상응하는 다른 이름을 찾거나 그들 사이 특별한 관계를 설정하는 것은 어쩌면 일종의 개인적인 게임에 불과할지 모른다. 그러나 나는 논의를 끝맺으며 한 걸음만 더 나아가고 싶다. 선은 진정한 죽음, 진정한 우연, 진정한 덧없음을 어떻게 받아들여야 하느냐는 문제와 관련 있고, 심리적으로 받아들이기 몹시 어려운 이 문제를 배경으로 취해야만 덕의 전모를 이해할 수 있다. 죽음을 받아들인다는 것은 자기 내면의 공허를 받아들인다는 것이다. 이를 받아들이면 우리 바깥에 존재하는 것에 저절로 관심을 쏟게 된다. 선한 사람은 겸허하다. 그의 모습은 저 비대한 신칸트주의적 루시퍼와 크게 다르다. 그는 차라리 키르케고르의 작품에 등장하는 세리(稅吏)를 훨씬 더 닮았다. 겸허는 보기 드문 덕이다. 유행이 한참 지난 덕이자, 알아차리기도 어려워 그냥 지나치기 십상인 덕이다. 자기 내면에 찬란하게 빛나는 덕을 품고 있는 사람, 자아가 내두르는 탐욕의 촉수가 전혀 없어 알아갈수록 놀라움을 금치 못하게 되는 사람, 그런 사람을 만나기는 너무도 어렵다. 어떤 이름으로 선을 대체하든 그것은 사실상 선의 일부만을 지칭하는 것일 수밖에 없다. 하지만 갖가지 덕을 지칭하는 여러 이름은 사유의 여러 방향을 제시하고, 겸허라는 덕이 제시하는 방향은 자유나 용기처럼 더 많은 인기를 누리는 개념이 제시하는 방향보다 훨씬 더 훌륭하다. 겸허한 사람은 자신을 아무것도 아닌 존재로 보기에 타자(他者)를 있는 그대로 볼 줄 안다. 그는 덕의 무목적성과 그 고유의 가치, 그리고 그것을 필요로 하는 영역이 무한하다는 것도 안다. 시몬 베유는 신에게 영혼이 노출되면 그 영혼의 이기적인 부분은 고통이 아니라 죽음이라는 벌을 받는다고 말했다. 겸허한 사람은 고통과 죽음 사이의 거리를 안다. 그리고 그는 딱 잘라서 선한 사람이라고 할 수는 없을지라도, 선한 사람이 될 잠재력이 가장 큰 사람이라고는 말할 수 있다.

인명 색인

니체 Friedrich Wilhelm Nietzsche 11, 15, 127, 139

데카르트 René Descartes 43-44, 94

라일 Gilbert Ryle 46, 49, 96

러셀 Bertrand Russell 24, 63, 95

마르크스 Karl Marx 41, 93, 108, 111

맥타가르트 J.M.E. McTaggart 31

무어 G.E. Moore 31, 33-35, 86-87, 95, 97, 113

버클리 C. Berkeley 50

베유 Simone Weil 76, 83, 98, 170

벨라스케스 Diego Rodríguez de Silva y Velázquez 118

본회퍼 Dietrich Bonhoeffer 137

비트겐슈타인 Ludwig Wittgenstein 24, 36, 45-46, 50, 59, 62, 94, 96-97
—『탐구Untersuchungen』 45

사르트르 Jean-Paul Sartre 11, 15, 77, 78, 99-100, 102

소크라테스 Socrates 32, 101, 120

스트로슨 P.F.Strawson 72

에이어 A.J. Ayer 46, 57, 76

오스틴 J.L. Austine 63, 96

칸트 Immanuel Kant 42, 50, 59, 64, 70-71, 76, 78, 80, 82, 84, 94-96, 98, 102, 105, 128, 138-142, 145, 166-167, 169
—『정초Grundlegung』 70, 138, 140

키르케고르 Søren Aabye Kierkegaard 15, 94, 141, 169

티치아노 Tiziano Vecelli 118

프로이트 Sigmund Freud 38, 93, 99-100, 102

플라톤 Plato 69, 72, 84, 100, 103, 200, 117, 122, 124-125, 130-131, 144-146, 150-152, 155-161, 165, 168
—『국가Republic』 118, 157-158, 160, 162
—『파이드로스Phaedrus』 72, 110, 144
—『파이돈Phaedo』 122

하이데거 Martin Heidegger 11, 15, 98, 126

햄프셔 Stuart Hampshire 32, 36, 38-40, 46, 55, 61, 65, 68, 70, 76-78, 80, 83, 88-89, 97, 99-100
—『성향과 기억Disposition and Memory』 36, 38
—『개인의 자유The Freedom of Individua』 100
—『사고와 행위Thought and Action』 32, 36, 38, 88

헤겔 G.W.F. Hegel 94, 139

헤어 R.M. Hare 76, 102

흄 David Hume 45, 50, 63-64, 98, 139

용어 색인

가치 판단 value judgments 32-34, 54, 89

감각자료 sense-data 43, 63

개인적/탈개인적 personal/impersonal 25, 38, 40, 51, 58, 61, 63-65, 67-70, 75, 77, 81, 83, 98, 102, 109, 116, 117, 131, 132, 159, 169

결정 decision making 15-16, 45-50, 58, 71, 77-78, 83, 88, 100, 139, 158-160

결정론 determinism 16, 78-79, 95, 100, 130

겸허 humility 146, 150-151, 159, 164, 169-170

경험론 empiricism 36, 42-44, 47, 60, 64, 97-98, 198, 111, 125-126, 130

공리주의 utilitarianism 41, 50, 88

공적 구조 public structure 96-97, 125, 127, 132

과학주의 scientism 14, 125-126

관심, 관심 쏟음 attention, attend 16, 53, 60, 72-75, 79-80, 83, 85-88, 104-105, 108-109, 111, 118-125, 130, 144-145, 151, 153-154, 167, 169

관조 contemplation 35, 50, 111, 118, 123, 146-147, 167

기도 prayer 104, 122-123, 143, 167

기예 technai 117, 150-152

낭만주의 romanticism 126, 128, 140-142, 144-145

내성 introspection 44, 47, 49-50, 99, 102

내성가능(체) introspectable(introspectabilia) 44, 48, 56-57

내적인 삶 inner life 41-42, 50

덕 virtue, virtues 32, 70-71, 93, 95, 101, 105-107, 112, 125, 144-149, 151-154, 156, 158-160, 163-164, 167, 169-170

도덕(성) morality 32, 40-42, 50-51, 55, 64, 66-70, 73-74, 80-81, 84-87, 89, 95, 97-98, 196, 108-109, 120-121, 125, 129, 135, 140, 147, 149-151, 153-154, 157, 160-161, 167

메커니즘 mechanism 39, 100, 102-103, 121, 125, 130-131, 164

목적 telos 125-126, 128, 136-138, 147-148, 154, 163-164, 170

믿음 belief 37-38, 40, 83, 88, 94, 106, 115

발생론적 genetic 38, 43, 67
— 논변 argument 48
— 분석 analysis 47, 62, 68

방향설정 orientation 55

보편자 universals 50, 69

불안 Angst 81-82, 120, 140

사도-마조히즘 sado-masochism 121, 128

사랑 love 32, 54, 59, 62, 67-69, 76, 79, 83-86, 93, 97, 104-105, 107, 113, 115-116, 118-120, 122, 124, 126-127, 130-131, 137, 140, 142, 146-147, 149, 151-154, 156, 158, 162, 168-169

사밀성私密性 privacy 64, 69, 74

사유 congitatio 43-44

선 자체 Good 116, 122, 124-125, 129, 152, 161, 163

선(좋음) good 33-35, 41, 50, 60, 70, 80-81, 84-86, 96, 98, 101, 103, 105, 107-108, 110-115, 119, 122-127, 129-131, 139, 141, 148, 154-164, 167-169

숭고성 sublime 128, 140, 142

신 God 55, 65, 101, 103-106, 110, 114-115, 126-128, 130-131, 137-139, 154

신비주의 mysticism 110, 127, 129, 154, 167

신실성 sincerity 95, 97, 101, 103, 107, 121

실재론(사실주의) realism 109-111, 116, 119-120, 125-126, 131, 144, 148, 150, 153

실존주의 existentialism 15, 41, 50, 66, 70-71, 76-82, 88-89, 93-94, 98, 102-103, 105, 126-128, 132, 138-140

실존-행태주의적 견해 existentialist-behaviorist view 56, 58, 62, 84-85

심리적 개념 mental concepts 38, 43-46, 50, 62-63, 68

심리철학 philosophy of mind 32-33, 89

아름다움 beauty 34-35, 84, 110, 117-118, 120, 123-124, 144-145, 148, 150, 152

안목(바라봄) vision 16, 34-36, 41, 50, 54, 56, 60, 74, 76, 79-81, 83, 87, 94, 105, 112, 116, 118-121, 124, 131, 135, 148, 150, 152-154, 164

언어 language 47, 49, 63-64, 68, 71, 73-75, 85, 87, 96-98, 100, 106-108, 152-155

언어 분석 linguistic analysis 97, 116

역사 history 39, 49, 64-65, 69-72, 80, 94, 101, 136-137, 154

영혼(정신) psyche 96, 99, 124, 136-137, 140, 142, 165-166

예술 art 39, 84, 105, 109, 116-121, 123, 127-128, 130-132, 144-150, 152, 156-160, 164
　— 비재현 예술 non-representational art 146
　— 재현 예술 representational art 147

완전성 perfection 62, 67-68, 71, 86, 110-114, 146, 156, 162-163, 167-168

외적 구조 outer structure 47, 58

은유 metaphor 36, 50, 55, 60, 74, 105, 125, 130, 135-136, 155-156, 168

의도 intention 36, 38, 40, 68, 71, 80, 102

의식 ritual 49, 52, 87, 123

의지 will 35, 37-38, 40-41, 43, 51, 58, 60, 61, 63, 66-67, 71, 76, 78, 81-85, 88, 94-96, 98-99, 103, 105, 108, 116, 120, 122, 124, 131, 139, 142, 153-155, 163-164

이상적 극한 ideal limit 67-69, 71

이성 reason 39-41, 43, 51, 70-72, 83-88, 94, 99, 101, 137-138, 140, 144, 167

이성 이념 Idea of Reason 71, 86

이차 도덕 어휘 the secondary moral words 60

인간 본성 human nature 32-33, 46, 66, 99, 118, 135, 139, 156

(개)인성 personality 46, 51, 65, 81-82, 88, 102, 120, 147

일원적(일원성), 통일적(통일성) unitary, unity 97-98, 106-108, 119, 124, 131, 138, 147, 157-159, 161, 163

일자 unity 80, 106

자기인식 self-knowledge 51, 97, 121, 166

자아 self 8-9, 40-41, 58, 71, 94-96, 100-101, 103, 109, 116, 118-119, 121-124, 131, 142, 144, 152, 154, 156, 159, 164, 166-167, 169

자연주의적 오류 naturalistic fallacy 81, 96

자유 freedom 13, 14, 32, 35, 43, 51, 61, 66, 67, 71, 76-83, 94, 100, 102-103, 116, 120, 125, 130, 136, 139, 141-142, 154, 158, 161, 164, 167, 169

정신분석 psychoanalysis 65-66, 97, 100, 103

존재의 조직 fabric of being 60

존경 Achtung 82, 140

청교도주의 puritanism 140

초연함 detachment 97, 118, 131

초월성 transcendence 108, 110-111, 156

탁월성 excellency 109, 149, 159, 162-164, 167

현상 appearance 43, 63-64, 149, 152

형상 form 104, 112, 150, 157-158

확실성 certainty 63, 111-112, 115-116

(능동적) 활동 activity 54, 55, 58-62, 64, 71

회개 repentance 52

선의 군림

1판 1쇄 발행일 2020년 3월 1일
지은이 | 아이리스 머독
옮긴이 | 이병익
편집 | 김재호
펴낸이 | 김문영
펴낸곳 | 이숲
등록 | 2008년 3월 28일 제301-2008-086호
주소 | 서울시 중구 장충단로8가길 2-1
전화 | 2235-5580
팩스 | 6442-5581
홈페이지 | www.esoope.com
페이스북 | www.facebook.com/EsoopPublishing
Email | esoope@naver.com
ISBN | 979-11-86921-84-5 03160
ⓒ 이숲, 2020, printed in Korea.

▶ 이 도서의 국립중앙도서관 출판예정도서목록(CIP)은 서지정보유통지원시스템 홈페이지(http://seoji.nl.go.
kr)와 국가자료종합목록 구축시스템(http://kolis-net.nl.go.kr)에서 이용하실 수 있습니다. (CIP제어번호 :
CIP2020002836)